事業者必携

◆債権回収の切り札!◆

改正対応 最新

民事執行の法律と書式

認定司法書士
松岡 慶子 監修

三修社

本書に関するお問い合わせについて

本書の記述の正誤に関するお問い合わせにつきましては、お手数ですが、小社あてに郵便・ファックス・メールでお願いします。大変恐縮ですが、お電話でのお問い合わせはお受けしておりません。内容によっては、お問い合わせをお受けしてから回答をご送付するまでに１週間から２週間程度を要する場合があります。

なお、本書でとりあげていない事項についてのご質問、個別の案件についてのご相談、監修者紹介の可否については回答をさせていただくことができません。あらかじめご了承ください。

はじめに

民事執行とは、国家機関（裁判所）が、権利者の権利内容を強制的に実現する手続きです。民事訴訟などを起こして苦労して手に入れた勝訴判決も、それだけでは権利が実現されるとは限りません。中には、判決などまったく意に介さない人もいます。そのような場合には、強制執行をする必要がでてきます。

また、債権者からの支払請求に簡単には応じない債務者に対しては、最終的に訴訟を起こすことになる場合であっても、その前に、債務者の出方を封じておかなければならないこともあります。債権者が訴訟を起こしたということになると、起きてくるのが債務者の財産隠しです。場合によっては、訴訟を起こす前から、すでに財産隠しに着手しているという場合もあります。せっかく訴訟を起こして、強制執行できるということになったとしても、財産のない債務者からは何もとれません。そうならないためにも、債務者の財産隠しを封じる手を打っておかなければなりません。そんなとき利用するのが仮差押や仮処分といった保全手続です。

本書は、民事執行、民事保全の手続きと書式を１冊に集約した書式集です。不動産、売掛金、給与、預金、養育費不払などの目的にあったさまざまな手続きと実際に裁判所に提出する書式を豊富に掲載しているのが特長です。また、財産開示手続の拡充強化や第三者からの情報取得制度の新設などを定めた2020年４月１日施行予定の民事執行法改正に対応しています。

本書を、民事執行や民事保全の手続きの実施や手続きの理解に役立ていただければ、監修者としてこれに勝る喜びはありません。

監修者　認定司法書士　松岡　慶子

Contents

第3章　民事保全の書式

第１章

民事執行・保全の全体像

強制執行とは

対象によって方法は具体的に異なる

一口に強制執行といっても目的とする財産が異なると、実現する具体的方法がかなり違ってきます。ここでは、不動産、動産、債権に分けて強制執行の具体的方法の概略を述べてみます。

不動産に対する強制執行

不動産に対する強制執行とは、簡単に言えば競売によるものです。競売といっても、もともと抵当権などの担保権が設定されている不動産を競売する場合と、債権だけがあって、その回収のために競売を行う場合とがあります。ただ、いずれの場合も、競売という基本的な方法に大きな違いはありません。

不動産を競売にかける手続きの流れは、次のようになります。

①　申立て

債権者は債務名義（14ページ）を示して、裁判所に対して、不動産競売の申立てをします。その際、あらかじめ必要な費用を納付しなければなりません。これを予納といいます。

■ 強制執行の対象

種　類	特　徴
不動産	裁判所への申立て。競売を基本とした強制執行
動　産	執行官への申立て。執行官による差押え
債　権	裁判所へ差押命令の申立て。債権者が直接債権を取り立てることができる

② 競売開始決定

申立てを受けた裁判所は、競売に必要な要件が整っているかどうかを審査します。要件が整っていると判断すると、競売開始決定をします。

③ 売却基準価額の決定

裁判所は、目的となる不動産の財産価値を公平に評価するため、鑑定人を選任します。選任された鑑定人は当該不動産を鑑定し、その報告を基に、裁判所は競売の売却基準価額を決定します。この価格は、競売の期日とともに公告されます。

④ 競売

売却基準価額と期日が決まると、不動産は競売にかけられます。世間一般では、競売は「きょうばい」と読みますが、法律の世界では「けいばい」と読んでいます。もっとも、競売といっても、「競り売り」は最近では行われておらず、「期間入札」という方法が採られて

■ 不動産競売手続きの流れ

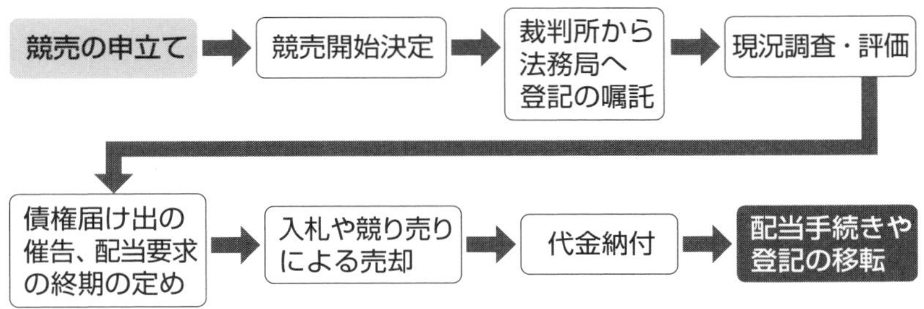

■ 動産競売の手続きの流れ

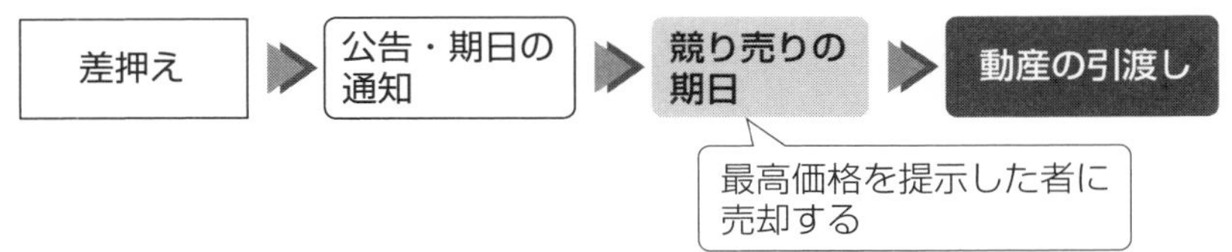

います。期間入札とは、不動産を落札（買い取り）したい者が、裁判所が定めた一定期間内に、買受可能価額（売却基準価額からその10分の２に相当する額を控除した価額）以上の希望価格を入札し、最高価格をつけた者に不動産が売却されるという方法です。

動産に対する強制執行

動産に対する強制執行の手続きは、不動産に対する強制執行と対照的です。動産の強制執行は執行官が主体となって、以下の①～③の順序で行われます。

①　債権者の申立て

債権者が債務名義を示して、動産の強制執行を申し立てます。裁判所ではなく、動産所在地の執行官に申し立てます。執行官は裁判所にいます。

②　動産の差押え

申立てを受けた執行官は動産の所在地に行き、動産を差し押さえます。ここでも不動産強制執行との違いがあります。動産は家屋の内部にあるのが通常なので、どんな動産があるのかは入ってみなければわかりません。そのため、いざ差押えの段階になって、どの動産を差し押さえるのかは、執行官の裁量に委ねられることになるのです。執行官は、債権額を充たすと考えるまで、差押えをします。

差押えをすると、その動産には差押えの札が貼られるか、別の方法によって差押えがなされたことが示されます。表示されると、動産の所有者といっても、その動産を自由に売却したりすることはできなくなります。違反すると刑事罰に問われます。

ただ、何でも差し押さえることができるわけではありません。債務者といっても人権は保障されており、最低限の生活まで奪うことは許されないからです。そのため生活に必要な最低限の衣服・寝具・家具・その他の生活用品は差し押さえることはできません。生活に必要な１か月分の食料・燃料なども差し押さえられません。

また、債務者が従事する仕事に必要な器具を差し押さえると、その後の生活に窮するので、これも差し押さえることは許されません。農業者にとっての農具、職人にとっての工具などが、これに該当します。

③　差押え動産の売却

差し押さえられた動産は、売却期日に競り売りされます。競り売りの結果、得られた代金が、債権者に配当されます。

債権に対する強制執行

債権に対する強制執行は、目的となる債権の債務者の住所地を管轄する裁判所に、差押命令の申立てをすることから始まります。この債務者を第三債務者と呼び、預金債権の銀行、給与債権の会社などが該当します。差し押さえられると、債務者は債権の取立てはできず、第三債務者も弁済が禁止されます。差押命令が債務者に送達されて１週間が経過すると、債権者は直接債権を取り立てることができます。

また、別の方法として、債権そのものを、その額面の金額のまま債権者に移転するよう裁判所に命じてもらうという方法もあります。これを転付命令（28ページ）といいます。

■ 差押えの対象となるおもな債権

種　類	第三債務者
給与債権	雇用主
預金債権	銀行
賃料債権	土地などの借り主
売掛金債権	取引先の会社
売買債権	買主

強制執行するために必要な書類

強制執行に必要な書類は３つある

強制執行が執行機関によって開始されるためには、原則として、①債務名義、②執行文、③送達証明という３つの書類が必要です。一般にはあまり聞き慣れない言葉ですが、強制執行を知る上では非常に重要な法律概念です。これらはそれぞれ独立の意義をもっています。以下、個別に確認してみましょう。

①　債務名義

債務名義とは、わかりやすく言えば、強制執行を許可する文書ということになります。当事者間で債権債務という法律関係の有無について争いがあって、一定の慎重な手続きに従って紛争に終止符が打たれ、債権債務関係が明確になった場合に、その結果は文書という形で残されます。それでも、債務者が債務を履行しない場合には、その文書の内容に即して、債権者は裁判所の助力を得て債権を実現することができるのです。

債務名義には、実現されるべき給付請求権、当事者、執行対象財産から責任の限度までが表示されます。

民事執行法22条各号を見てみましょう。そこには、確定判決、仮執行宣言付判決、仮執行宣言付支払督促、執行証書、仲裁判断、確定判決と同一の効力をもつものなどが規定されています。これらはみな債務名義です。

これらのほとんどのものは、訴訟手続によって取得する必要がありますが、執行証書だけは公証人が作成できます。

なお、「確定判決と同一の効力をもつもの」には裁判上の和解調書も含まれます。

②　執行文

執行文とは、債務名義の執行力が現存することを公に証明する文書であると考えておいてよいでしょう（民事執行法26条）。つまり、その時点で執行することを、公に証明している文書ということです。

そもそも債務名義があると強制執行を申し立てることができます。ただ、それだけで強制執行ができるのかというと、そうではありません。

■ 強制執行に必要な３点セット

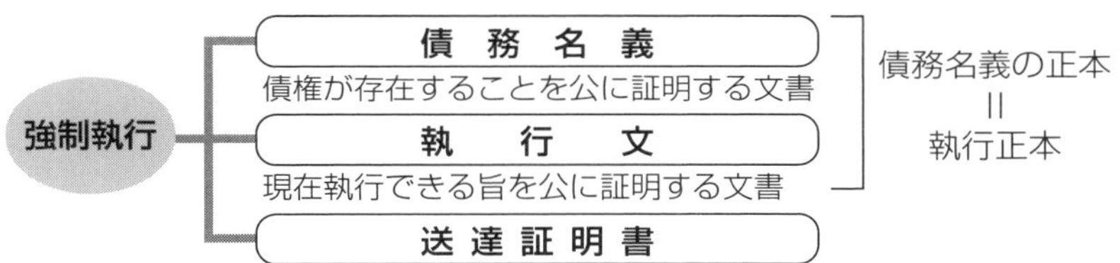

■ 債務名義を債務者へ送達したことを証明する文書

債務名義になるもの	備考
判決	確定しているものでなければならない 執行申立てに、執行文、送達証明書、確定証明書が必要
仮執行宣言付きの判決	確定していないが一応執行してよいもの 執行申立てに、執行文、送達証明書が必要
支払督促＋仮執行宣言	仮執行宣言を申し立てる 執行申立てに、送達証明書が必要
執行証書	金銭支払のみ強制執行が可能 執行申立てに、執行文、送達証明書が必要
仲裁判断＋執行決定	執行決定を求めれば執行できる 事案によって、執行文、送達証明書、確定証明書の要否が異なる
和解調書	「○○円払う」といった内容について執行可能 執行申立てに、執行文、送達証明書が必要
認諾調書	請求の認諾についての調書 執行申立てに、執行文、送達証明書が必要
調停調書	「○○円払う」といった内容について執行可能 執行申立てに、執行文、送達証明書が必要

※一部の家事事件についての調停証書や和解調書については、執行文は不要

判決が下されたり、公正証書が作成された後でも、債権債務をめぐる状況が変化していないとは限りません。債務者が死亡してしまい、子供らが債務のことを知らずに相続をしているケースはあり得ます。

また、会社が合併して別の法人となっていれば、債務者の名義の異なった債務名義でそのまま強制執行をすると、問題が生じます。このような問題を避けるために、債務名義のまま強制執行する効力があることを確認する手続きが用意されています。これを執行文の付与といいます。

債権者が強制執行を申し立てた時点で、債務名義に執行力があることをチェックしてもらい、それを証明する文をつけてもらうのです。

執行文の付与は執行力を証明することなので、証明することができる資料を保有している機関が行います。判決や調書といった裁判所が関与する債務名義については、その事件の記録が存在している裁判所の書記官が行います。執行証書（44ページ）については、その原本を保管している公証人が行うことになります。

③　送達証明

強制執行手続は、債権者の申立に基づいて行われます。執行機関が手続きを開始するためには、債務者に債務名義を送達しておかなければなりません（民事執行法29条）。そして、送達という手続きを踏んだことを証明してはじめて強制執行を開始することができるのです。送達を証明する書類のことを送達証明といいます。

送達（証明）が要求される理由は、債務者にどのような債務名義で執行手続が開始されるのかを知らせ、債務者に防御の機会を与える必要があるからです。つまり、債権者・債務者双方の言い分を聞いて手続きを行うのが適切であると法律は考えているのです。

なお、送達証明は、裁判所書記官や公証人に申請して発行してもらいます。

強制執行と担保権の関係

強制執行の基本的なしくみと２つの意味

たとえば、Ａさんが裁判で勝訴し、「ＢはＡに対し、金100万円支払え」との判決を得たとしましょう。この場合でもＡさんは、Ｂさんの家に行って無理やり100万円の札束を奪ってくることは原則として許されません。これを法律的には「自力救済の禁止の原則」といいます。Ａさんは勝訴判決に基づき、強制執行の手続きを経てやっと自己の権利を実現することができるのです。

次に、ＡさんはＢさんに金を貸していたため、Ｂさんの所有する不動産に抵当権を設定していたというケースで考えてみましょう。この場合でも、Ａさんは担保権実行の手続きによって、ようやく自己の権利を実現できます。

このように、一般に強制執行といっても法律的には、前述した①強制執行、②担保権の実行という２つの意味があることをまず知っておきましょう。以下では、①の強制執行と②の担保権実行は明確に区別して記述しますので間違えないようにしてください。

強制執行と担保権の実行の違いはどこにあるのか

①強制執行と、②担保権の実行では具体的にどのような違いがあるのでしょうか。

確かに、強制執行も担保権の実行も、民事執行法という法律の中で規定されています。また、金銭の支払いを目的とする限りでは、双方の制度は共通している部分はあります。

しかし、以下の点で違いがあります。

まず、国家の力によって強制的に債権を実現するといっても、強制執行の場合は、債務名義という文書が前提となっています。これは、債権が実在し、債務者が履行しない場合には、それを強制的に実現してもかまわないということを明確にしたものです。

一方、担保権の実行の前提となっているのは担保権の設定であり、ここでは原則として、当事者間での担保権設定契約が存在しています。もっともポピュラーなものは抵当権・根抵当権といったところです。つまり、判決といった債務名義が前提とはなっていないのです。

また、両者は手続きの複雑さも異なります。強制執行には原則として債務名義・執行文・送達証明といった書類が必要となりますから、手続きは簡単とはいえません。これに対し、担保権の実行では担保権の存在を証明する法定文書（民事執行法181条）があれば、手続きを開始することができます。担保権の登記されている登記事項証明書もこの法定文書となりますので、担保権が登記されているのであれば、登記事項証明書の提出で足りることになります。

当然のことですが、実際に担保権の実行が問題となる場合に備えて抵当権などの設定をした場合には、登記をしておきましょう。

■ 強制執行・担保権の実行要件

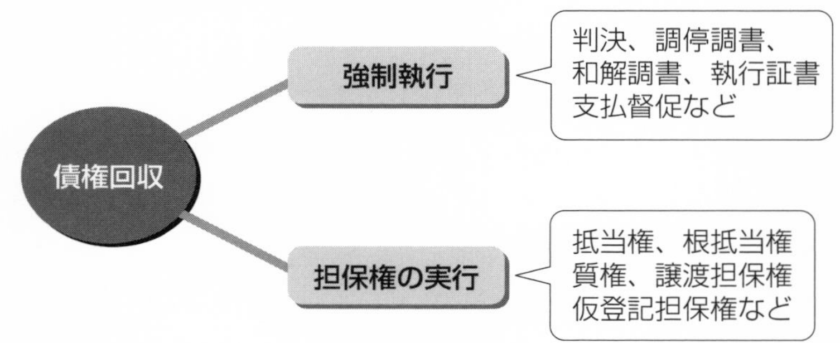

不動産に対する強制執行

不動産競売手続の順序について

不動産はその財産的価値が非常に高く、しかも、利害関係人が多数存在している可能性があります。そのため、不動産を対象とする強制執行（強制競売）では、慎重を期した手続きが予定されています。手続きの詳細については、後述しますが、概略は以下のようになっています。本章では、不動産を対象とする強制執行のことを担保権の実行としての競売（17ページ）と区別するために、強制競売と呼んでいます。

① 申立てから始まる

競売は、債権者が管轄の裁判所に対して、申立てをすることから始まります。申立ては、申立書を提出して行うことになっています。

裁判所は申立書を審査して、問題がなければ競売開始決定をします。開始決定の正本は債務者に送達されるので、それによって債務者は手続きが始まったことを知ることができます。

② 現状を凍結する

競売開始決定がなされると、対象となっている不動産には「差押え」が行われます。不動産をめぐる法律関係が変動すると手続きが円滑に進められませんし、債務者が債権者の先手を打って不動産を売却して現金化してしまうおそれがあります。

そこで、差押えを行って、その不動産に関する処分を一切禁止するのです。このように現状を凍結しておいてから競売手続に入っていくわけです。

具体的には、裁判所から法務局（登記所）に対して、差押登記が嘱託（依頼）されます。

③ 調査をする

現状が凍結されると、裁判所は競売に必要な情報の収集を始めます。情報とは、当該不動産をめぐってどのような債権が存在するのかということと、不動産自体にどれだけの価値があるかということです。裁判所は、登記されている抵当権者や仮登記権利者などに対して、期間内に債権の届出をするように催告します。届出によって、申立人の債権以外に、どれだけの債務を不動産が負担しているのか判明します。

さらに、裁判所は、執行官に対して現況調査命令を発し、不動産の占有状態などを調査させ、評価人に対して評価命令を発し、不動産の評価額を鑑定させます。この結果、現況調査報告書と評価書が作成され、裁判所に提出されます。

④ 競売をする

裁判所は提出された現況調査報告書と評価書を基に、不動産の売却基準価額を決定します。そして、売却期日（期間）も決定し、それらの情報を物件明細書として、だれもが閲覧できる状態にします。これを閲覧して競売に参加することができるのです。競売の方法としては、競り売り方式と入札方式がありますが、現在では、ほとんどの場合において期間内での入札方式が採用されています。競落人が決定し、その者が代金を納付したら所有権登記も移転します。

⑤ 配当をする

不動産の代金が納付されると、いよいよ配当段階に入ります。裁判所は配当期日を指定し、申立人や届け出た債権者たちに対して、配当期日に配当を行うことを通知します。

納付された不動産の代金ですべての債権を満たすことができない場合には、それぞれの債権者に対する配当額は、担保権の優先順位や債権額に応じて決定されます。

■ 競売手続きの流れ

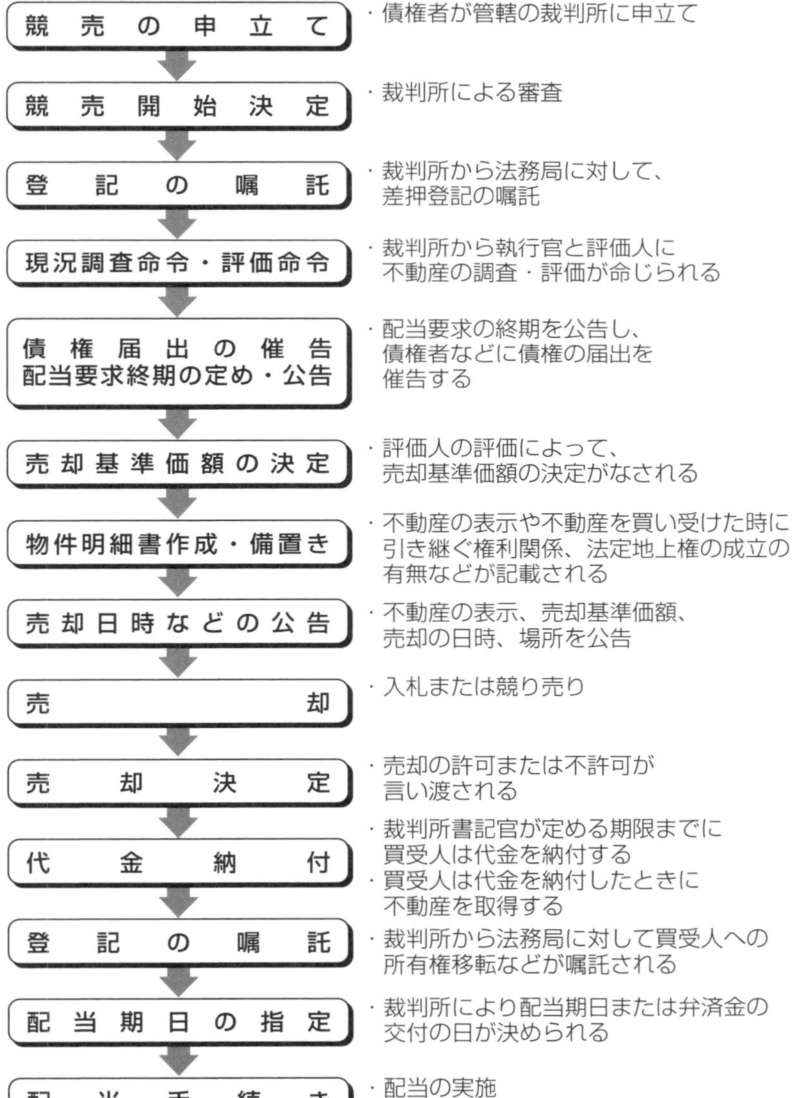
競　売　の　申　立　て
・債権者が管轄の裁判所に申立て
競　売　開　始　決　定
・裁判所による審査
登　記　の　嘱　託
・裁判所から法務局に対して、
差押登記の嘱託
現況調査命令・評価命令
・裁判所から執行官と評価人に
不動産の調査・評価が命じられる
債　権　届　出　の　催　告
配当要求終期の定め・公告
・配当要求の終期を公告し、
債権者などに債権の届出を
催告する
売却基準価額の決定
・評価人の評価によって、
売却基準価額の決定がなされる
物件明細書作成・備置き
・不動産の表示や不動産を買い受けた時に
引き継ぐ権利関係、法定地上権の成立の
有無などが記載される
売却日時などの公告
・不動産の表示、売却基準価額、
売却の日時、場所を公告
売　却
・入札または競り売り
売　却　決　定
・売却の許可または不許可が
言い渡される
代　金　納　付
・裁判所書記官が定める期限までに
買受人は代金を納付する
・買受人は代金を納付したときに
不動産を取得する
登　記　の　嘱　託
・裁判所から法務局に対して買受人への
所有権移転などが嘱託される
配当期日の指定
・裁判所により配当期日または弁済金の
交付の日が決められる
配　当　手　続　き
・配当の実施

動産に対する強制執行

動産の強制執行とは

動産の強制執行とは、債務者の所有する動産を差し押さえて、それを競売にかけ、その売却代金から配当を受け、債権の回収を図る手続きです。不動産は所有権の他にもさまざまな権利義務の対象となっており、財産価値も高いので、競売にあたっては慎重さが強く要請されます。それに対して、動産の場合は、取扱いもしやすいため、競売の手続きは、不動産の場合に比べてかなり簡単なものになっています。

もっとも、動産は読んで字のごとく動く財産なので、それに対する競売はやりにくい面もあります。不動産のように登記されるわけではないので、権利関係がはっきりしないケースもありますし、競売できるのかどうかがわかりづらいこともあります。

競売を行うのも執行官の仕事

動産に対する執行も不動産に対する執行と同様に、債権者の競売申立てによって始まります。申立書や添付書類などの書面を提出することも同じです。

ただ、不動産の場合と明らかに異なる点としては、執行機関が裁判所ではなく、執行官だということです。執行官は、裁判所にいるのですが、自ら債務者の下に行き、動産を差し押さえます。そして、競売を行うのも執行官の仕事です。

執行官により差押えがなされ、競売がなされると、その売却代金から配当がなされます。

執行の対象となる動産

動産執行における動産は、民法上の動産とは少し異なり、対象となる範囲が民法よりも広く設定されています。

民法上、貴金属や家財道具、パソコンやコピー機などの「土地およびその定着物以外の物」と、商品券など証券に債権者名が書かれていない「無記名債権」が動産に分類されていますが、動産執行では、これらの物に加え、以下の物も執行の対象となる動産に含まれます。

まず、土地の定着物であっても登記することができず、容易に土地から分離することができないものは動産として扱われます。たとえば、庭園にある庭木や庭石、石灯籠などは動産として執行の対象となります。ただし、土地に抵当権等の担保権が設定されていると、その効力がこれらの物にも及ぶため、定着物だけを動産執行の目的として差し押さえることはできません。動産執行に際しては、これらの物が置かれている土地の登記事項証明書をとるなどによって、権利関係を調査

■ 動産執行のしくみ

例）住居や店舗内の金品を差し押さえたい

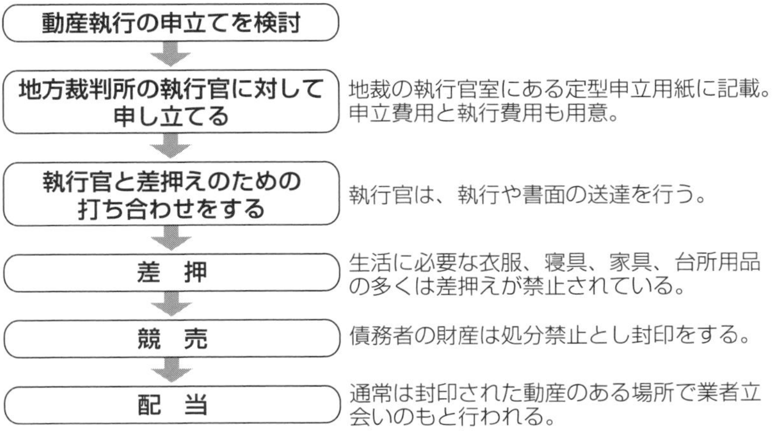

動産執行の申立てを検討	
↓	
地方裁判所の執行官に対して申し立てる	地裁の執行官室にある定型申立用紙に記載。申立費用と執行費用も用意。
↓	
執行官と差押えのための打ち合わせをする	執行官は、執行や書面の送達を行う。
↓	
差　押	生活に必要な衣服、寝具、家具、台所用品の多くは差押えが禁止されている。
↓	
競　売	債務者の財産は処分禁止とし封印をする。
↓	
配　当	通常は封印された動産のある場所で業者立会いのもと行われる。

しておく必要があります。

次に、穀物や果実、野菜など土地から分離する前の天然果実で、１か月以内に収穫することが確実であるものは動産として扱われます。また、農場主や競走馬の馬主、養魚者が債務者である場合、豚、牛、馬、魚などの動物も動産執行の対象となります。

最後に、有価証券も動産執行が可能です。具体的には株券、国債・社債等の債券、約束手形や為替手形、小切手などです。ただ、有価証券であれば、すべてに動産執行ができるというわけではなく、裏書が禁止されていないものに限られます。裏書とは、有価証券の所持人が第三者に権利を譲渡するために有価証券の裏面に署名押印をすることです。

なお、登記・登録のされている船舶（総トン数20トン以上）や航空機、自動車、建設機械については、執行官の判断に適しない複雑な権利関係が生ずる可能性があることから、動産執行の対象からは外され、不動産執行に準じ、強制競売の方法により執行が行われます。

20トン以下の船舶や未登記の航空機や建設機械、未登録の自動車については、動産執行の対象となります。

執行の対象とならない動産もある

いくら債務者の所有する動産といっても、そのすべてを競売できるわけではありません。債務者とその家族が当面生活していけるだけのものは残さなければなりません。民事執行法では、２か月間の必要生計費として66万円の金銭は執行禁止としています。

また、生活に必要な１か月間の食料および燃料についても執行の対象にはできないと定めています。

なお、銃砲刀剣類、劇薬などの危険物、天然記念物に指定されている物などは、特別な手続きが必要になります。執行の申立てを希望するのであれば、事前に裁判所に相談してみてください。

債権に対する強制執行

債権差押手続の流れ

債権差押手続の大まかな流れは、申立て→差押命令→債務者および第三債務者（債務者が有する債権の債務者）への送達→取立て（供託）→配当（交付）です。ここでは、この流れに沿って、手続きについて述べていきます。

①　執行裁判所

債権執行を行う執行機関は、地方裁判所です。債務者が個人であれば、その住所地を管轄する地方裁判所が執行裁判所となります。債務者が会社などの法人であれば、主たる事務所の所在を管轄する地方裁判所が執行裁判所となります。

②　申立て

執行裁判所が確認できたら、いよいよ債権執行の申立てを始めます。申立ては書面主義を採用しており、申立書を作成して提出します。申立書には、執行裁判所名を宛名として、日付、氏名（名称）、押印、債権差押命令を求める旨の記載をし、手数料として印紙を貼付します。当事者・請求債権・差押債権については、別紙目録に記載し、添付します。

なお、申立てに際しては、第三債務者（12ページ）に対する「陳述催告の申立て」（111ページ）も申し立てることができます。

申立てが受理されると、事件に対して事件番号がつけられます。この事件番号は、以後、裁判所への問い合わせや、手続きの際に必要なものなので、必ず控えておいて忘れないようにしましょう。

③　債権差押命令

申立書が適法なものとして受理されると、執行裁判所は債権差押命令を発します。まず、第三債務者に対して債権差押命令を発し、陳述催告の申立てがなされていれば、一緒に陳述の催告書も送達します。そして、その後、債務者に対して債権差押命令が送達されることになります。債務者への送達が後に行われるのは、債権執行の申立てを察知した債務者が先回りして、第三債務者から弁済を受けてしまうことを避けるためです。

申立てからここまでは、通常、１週間から10日間かかります。その途中で差し押さえようとする債権の弁済期が到来してしまうと、債務者が第三債務者から弁済を受けてしまうおそれがあるので、タイミングをはかって申し立ててください。

④　債権者による取立て

債権差押命令が発せられ、債務者および第三債務者に送達されると、執行裁判所から差押債権者に対して送達日が通知されます。債権差押命令が債務者に送達されてから１週間経過すれば、差押債権者は第三債務者から債権の取立てができます。ただし、差し押さえる債権が給与や退職年金などの場合は、債務者の生活を考慮して４分の３に相当する部分については差押えが禁止されています。これら差押禁止債権については、給与等を差し押さえられることで生活に困窮する状況に陥った債務者は、裁判所に対し差押えの取り消しを求めることができるとされています。これを「差押禁止債権の範囲の変更の申立て」といいます。ただ、債権者による取り立てが開始される１週間という短期間で債務者がこの申立てを行うことは極めて困難です。そこで民事執行法の改正では、差押禁止債権の取り立てについては取立開始の期間を１週間から４週間後に伸長することで、債務者が差押禁止債権の範囲の変更の申立てに必要な準備期間を確保しています。そのため、給与等差押禁止債権の取立てについては債権差押命令が債務者に送達されてから４週間が経過しなければ直接取立てをすることができなくなりました（後述する転付命令についても同様です）。なお、養育費など扶養義務に関する債権については、これまで通り１週間が経過すれば取立てを行うことができます。

⑤　取立て後の手続き

取立てが終わったら、差押債権者は取立届を執行裁判所に提出します。取立届には、事件番号、宛先として執行裁判所名、届出日付、債権者、債務者、第三債務者、取立てを完了した旨や取立日付、取立金額を記載します。

一方、差押債権者に対して弁済をした第三債務者は、執行裁判所に支払届を提出することになっています。支払届には、宛先として執行裁判所名、届出日付、第三債務者の住所・氏名、事件番号、債権者・債務者、支払った金額・日時を記載します。

万が一、第三債務者が差押債権者に対する弁済を拒んだときは、訴訟提起により、差押債権者は債権回収を図ることになります。

なお、2019年５月の改正で、債権者が取り立てることができるようになってから、取り立てることなく２年が経過したときは、債権者は支払いを受けていない旨を裁判所に届け出なければならず、届出をせずにさらに４週間が経過したときは、裁判所は差押命令を取り消すことができるとされました。そのため、今後は差押命令が取り消される

■ 債権差押手続きの流れ

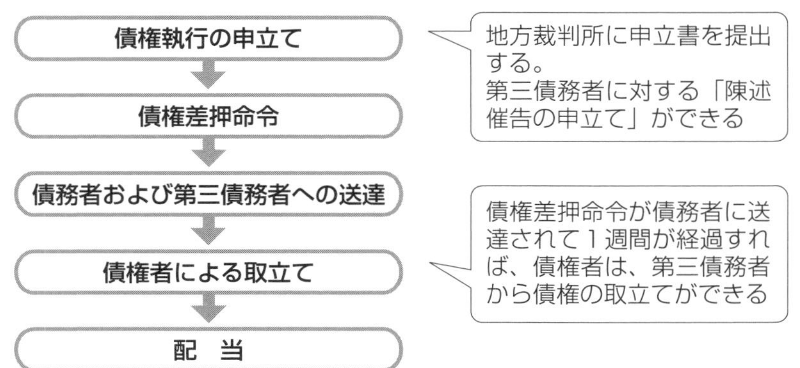

場合があることに留意する必要があります。

⑥　第三債務者の供託

債務者が債務を履行できないときは、往々にして、多重債務を抱えていることが多いようです。そのため、複数の債権者が同時期に債権差押えの申立てをして、同じ債権に差押えや仮差押（172ページ）が重複することがよくあります。

このような場合、第三債務者が、自己の勝手な判断で差押債権者の１人に弁済してしまうと不公平ですし、手続きも混乱してしまいます。そのため、差押え（仮差押）が重複したときは、第三債務者は必ず、法務局（供託所）に供託しなければならないとされています。

供託とは、弁済期が到来したものの、差押えの重複などによって支払うべき相手がわからないというような場合に、金銭などの財産を供託所に託すことができる制度です。供託の手続きにのっとって金銭を預けておけば、最終的には供託所を通して、正当な受取人の手に渡ることになります。

第三債務者は、供託後、執行裁判所に事情届を提出します。事情届には、供託した金額・日時・供託番号・各差押えの事件番号・債権者名・債権差押命令送達日・請求債権額などを記載します。

なお、債権差押命令が単独のときには、供託するしないは、第三債務者の任意です。ただ、供託した場合には、執行裁判所に事情届を提出します。

転付命令とは

債権差押えと似て非なるものに、転付命令というものがあります。実務上よく使用される債権回収の手段です。

前述した債権の差押えは、差押債権者が債務者に代わって第三債務者から債権を取り立てるものです。取り立てて自分の債権に充当することが認められているだけで、債権それ自体を取得するものではありません。これに対して、転付命令は、裁判所に申し立てて命令を発してもらう点では債権差押命令と同じですが、債権がそのまま債権者に移転する点で、債権差押命令と異なります。債権譲渡と同じような効果が発生するのです。債権者は、自分の債権として第三債務者から、弁済を受けるわけです。

転付命令が効力を生じるのは、それが確定したときです。転付命令は、命令が出されてから１週間以内に不服申立て（執行抗告）がなされなければ確定します。この場合、転付命令が第三債務者に送達されたときに弁済されたものとされます。

転付命令を取るための要件

転付命令を取るためには、次の２つの要件が必要です。

①　他に差押債権者などがいないこと

第三債務者に転付命令が送達された時点で、目的とする債権に関して、他に差押債権者などが存在しないことが必要です。すでに手続きを進めている者がいるのに、債権を独占させる効果のある転付命令を認めるわけにはいかないからです。

②　券面額（金額）があること

転付命令は、たとえ債権者が第三債務者から債権全額について弁済を受けられなくても、債務者との関係においては全額が弁済されたと同視される制度です。ですから、後日の紛争や混乱を避けるため、目的とする債権にははっきりとした券面額がなければならないのです。

保全手続とは

債務者の財産をあらかじめ確保しておく制度

裁判を利用して債権を回収する場合、訴えの提起に始まり、審理の結果として勝訴判決を得てから債務者の財産に強制執行をかけて、現実に金銭の支払いを得ることができます。このとき、勝訴判決を得たからといって、すぐに強制執行ができるわけではありません。勝訴判決をもとに、執行文つきの債務名義（14ページ）という書類を得て、はじめて強制執行（国家が債権者の請求を強制的に実現する手続）が認められます。

裁判手続により債権を回収するには、勝訴するまでにかなりの時間がかかり、勝訴してからもそれなりの時間がかかります。その時間が経過する間に起きてくるのが、債務者の財産隠しです。こちらが訴訟を起こす前から、すでに財産隠しに着手しているという場合もあります。せっかく訴訟を起こして、強制執行できるということになったとしても、財産のない債務者からは何もとれません。強制執行して取り上げるだけの財産が債務者にないということになれば、多くの時間や費用をかけて、やっと手に入れた勝訴判決でもムダになってしまいます。

このように、債務名義などの強制執行の準備が完了し、やっと強制執行手続が開始したときには、債務者のもとから価値の高い財産はすべて売却されており、せっかくの強制執行も実際には何の役にも立たないということが起こり得ます。裁判に勝ったのに、債権の回収が事実上、不可能となる事態が生じる可能性もあるのです。

そこで、そのような事態を避けるために保全手続という制度が存在します。保全手続とは、債権者が強制執行をかける場合に備えて、債務者の財産をあらかじめ確保しておく制度をいいます。

仮差押と仮処分

保全手続は大きく仮差押と仮処分の２つに分けられます。以下、順に説明します。

①　仮差押

金銭の支払いを目的とする債権（金銭債権）のための保全手続で、金銭債権の債務者が所有する特定の財産について現状を維持させる手続きになります。

たとえば、ＡがＢに対して金銭債権を持っているとします。この場合に、ＡがＢの土地を仮差押したときには、Ｂは自分の土地でも、その土地を売却したりする処分に制限が加えられます。

②　仮処分

仮処分は、仮差押と異なり金銭債権以外の権利を保全するために必要になります。仮処分には、係争物（争いとなっている権利や物のこと）に関する仮処分（35ページ）と仮の地位を定める仮処分（36ページ）があります。具体的には、占有移転禁止の仮処分や従業員が不当解雇された場合の賃金の仮払いを求める仮処分などがあります。

■ 民事保全の全体像

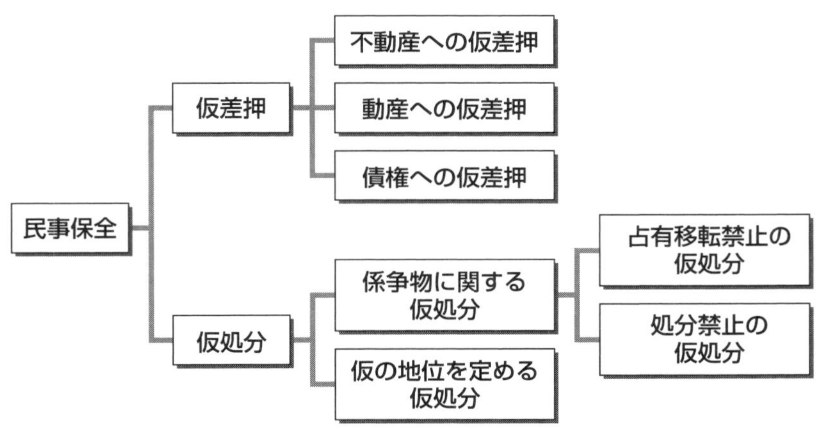

保全手続の流れをつかむ

仮差押・仮処分の大まかな手続の流れは以下のようになります。まず裁判所に「仮差押命令」「仮処分命令」の申立てをします。この申立ては書面で行うのが原則です。

次に、その申立てを受けた裁判所が債権者に審尋（面接）などをします。審尋では、保全の必要性や保証金の決定などについて裁判所が債権者に質問をします。

さらに、裁判所が決定した仮差押・仮処分の保証金を納付します。その後に裁判所が仮差押・仮処分の決定をし、実際の執行がなされます。債務者に保全手続を命ずるのは裁判所です。

保全命令の申立てをする

保全命令の申立ては、書面（申立書）によって行います。申立書には、被保全債権の内容とその保全の必要性を明らかにする資料、目的物の目録・謄本などを添付します。申し立てる裁判所は、原則として、債務者の住所地を管轄する地方裁判所です。

被保全債権について疎明をする

仮差押・仮処分の申立てに際しては、被保全債権（保全してもらいたい債務者に対する債権）が実際に存在することを疎明する必要があります。疎明とは、裁判官を一応納得させる程度の説明で、裁判で必要とされる「証明」よりも程度が緩やかなものをいいます。つまり、被保全債権が実際に存在することを裁判官に納得してもらえればよいのです。疎明に際しては、被保全債権についての債務者との契約書などを資料として提出します。

保全の必要性

保全手続の申立てでは、被保全債権の存在が認められるだけでは不十分です。さらに、現時点で保全手続をする必要性、つまり「保全の必要性」についても疎明する必要があります。

たとえば、ＡがＢに対してもつ債権の支払について、勝訴判決を得たとします。このとき、Ｂが唯一の財産である不動産を売却処分しようとしており、この不動産が処分されるとＡが勝訴判決を得ても強制執行できる財産がなくなってしまう、などの具体的な事情を疎明できることが必要になります。

目的財産を特定する

仮差押を行う場合に、債務者のどの財産に仮差押をかけるのかを明らかにするため目的財産を特定する必要があります。ただし、動産の仮差押の場合には特定する必要はありません。

債権に対する仮差押

保全処分として、債務者が第三者に対してもつ債権を仮差押することもできます。たとえば、ＡがＢに対して被保全債権をもっていて、ＢはＣ（第三債務者）に対して債権をもっているとします。このとき、ＡはＢのＣに対する債権の仮差押ができます。

債権の仮差押をする場合には、債務者の第三債務者に対する債権の存否などを確認する必要があります。

なぜなら、債務者が第三債務者に対して債権をもっていなかったり、

■ 民事保全の流れ

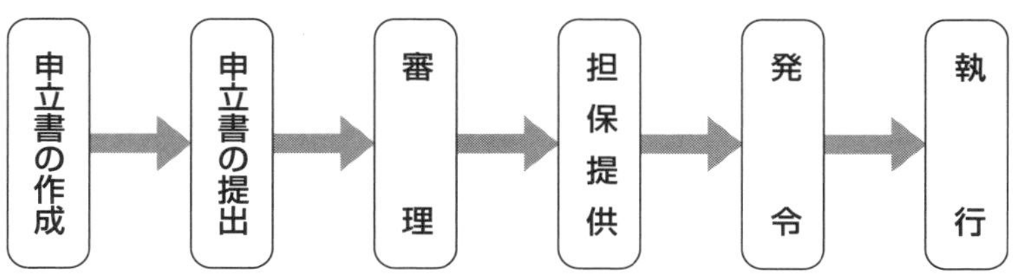

その債権の金額が被保全債権の金額に不足していたりするのでは、仮差押をしてもムダだからです。そのため、仮差押命令の申立てと同時に「第三債務者に対する陳述催告の申立て」も行います。

債権者の審尋をする

保全処分の申立てについての裁判所の判断は、申立書と疎明資料だけでなされるのが原則です。これは、保全手続の迅速性を確保するためです。

しかし、実際には審尋という手続がなされています。

これは、裁判所に債権者が出頭し、裁判官に証拠資料の原本を確認してもらい（通常、裁判所には証拠資料のコピーを提出します）、保全手続の必要性を疎明し、担保（保証金）について裁判官と協議をする手続です。

担保（保証金）を立てる

仮差押・仮処分は、債権者の言い分だけに基づく、裁判所による「仮の」決定です。後日、債権者が訴訟提起をして敗訴することもあります。そのような場合には、仮差押・仮処分の相手には、損失が生じる可能性があります。そこで、裁判所は、債務者が被る損害賠償を担保する目的で、債権者（申立人）が一定額の保証金を納付することを求めることができます。

■ 審理の構図

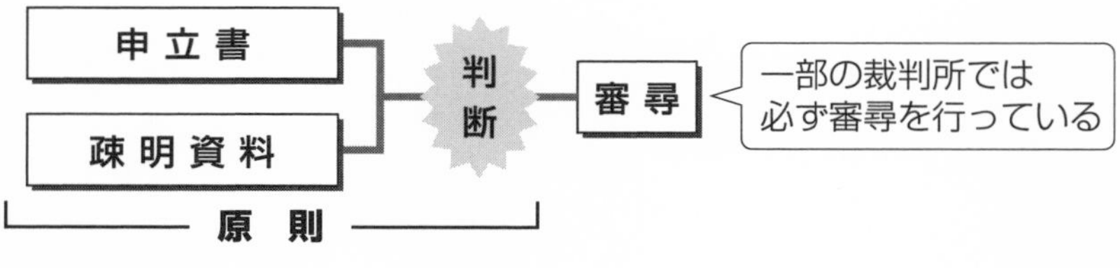

申立書
疎明資料
判断
審尋
一部の裁判所では必ず審尋を行っている
原則

保全の具体的な内容

民事保全にもいろいろある

民事保全には、「仮差押」と「仮処分」があり、仮処分の中には、係争物に関する仮処分と仮の地位を定める仮処分の２種類があります。まず、これらの言葉の意味について説明をしていきましょう。

①　仮差押

たとえばAはBを相手どって、金を返せという民事訴訟を起こすことを決意しました。しかし、Bのめぼしい財産といえば、Bが所有している持ち家だけです。さらにBは、他にも何件か借金を抱えています。このままだと、いつ何時、Bが持ち家を処分してもおかしくありません。もし処分されてしまうと、たとえAが裁判を起こして勝訴しても、後日資力のなくなったBからお金を返してもらうことができなくなります。そこで、AはBの持ち家が処分されてしまうことがないように、持ち家という唯一の財産を守っておく（保全しておく）必要があります。このように、AがBから、（民事上の）貸金債権を取りはぐれないようにするために、Bの財産を法的に動かせない状態にしておく（保全しておく）手続が仮差押です。

②　仮処分

・係争物に関する仮処分

仮処分には、ⓐ係争物に関する仮処分とⓑ仮の地位を定める仮処分の２種類がありますが、ここでは、まず、係争物に関する仮処分について説明します。

係争物に関する仮処分も、さらに２種類に分けることができます。１つは占有移転禁止の仮処分で、もう１つは、処分禁止の仮処分です。ここでは、まず、占有移転禁止の仮処分について説明をします。

アパートの大家であるＡがＢに部屋を貸しました。Ｂは、実際にその部屋に居住しているものの、やがて賃料を滞納するようになり、滞納期間は現時点で半年間に及んでいるとします。Ａは滞納相当額をＢに催促しましたが、Ｂは全く支払おうとはしません。そこで、ＡはＢの賃料不払いを理由に建物明渡請求訴訟を提起する決意をしました。ところが、なおも占有を続けるＢは、その後、暴力団員Ｃと転貸借契約（又貸し契約）を結んだとします。現時点では引渡しはなされていませんが、Ｂが退去してＣが引っ越してくるのは時間の問題でしょう。

このような状況において、明渡訴訟を何か月もかけて、勝訴判決を得ることができたとしても、Ｃがすでに占有を始めた後では面倒なことが起こるのは目に見えています。そこで、Ａとしては、ＢがＣに建物を引き渡さないように占有移転禁止の仮処分の申立てをする必要があります。Ａは、本案の建物明渡請求訴訟を提起前もしくは同時に、占有移転禁止の仮処分の申立てをしておくことで、Ｃの占有という事態を回避することができるようになります。

次に、処分禁止の仮処分について説明します。

ＡがＢに時計を預けていましたが、Ｂは約束の返還期日になっても返そうとしません。そこで、ＡはＢに動産引渡請求訴訟（本案の訴訟）を提起したとします。ところが、訴訟の最中に、Ｂが第三者Ｃに時計を売ってしまった場合（処分してしまった場合）はどうなるのでしょうか。この場合に、Ａは裁判所に対して「Ｂが時計を処分することを禁止してくれ」という処分禁止の命令の申立てをしていきたいところです。ところが、本案を審理していかなければ、Ａが本当に時計の所有者かどうかはわかりません。そこで、この場面でＡが申し立てることができるのは、処分禁止命令そのものではなく、「仮」がついた処分の申立になるというわけです。

・仮の地位を定める仮処分

Ａ会社の従業員Ｂが不当な理由で解雇されました。そこで、ＢはＡ

会社を相手どって、解雇無効確認訴訟を提起したとします。ところが、Ａ会社は自分たちが下したＢの解雇という決断が法的に正当であるということを全く疑っていません。ですから、解雇言い渡し後、Ｂは会社で働くことができなくなるので、当然Ｂは、給料をもらうこともできなくなります。

こういった場合に、Ｂは、判決が確定するまで従業員としての地位を会社に認めさせて、賃金が支払われるように裁判所に申し立てることができます。これを従業員（労働者）の地位保全および賃金仮払いの仮処分の申立てといいます。申立てが認められると、ＢのＡ会社における従業員としての地位が保障されると同時に、ＢはＡ会社に賃金の仮払いを請求することができるようになります。

■ 仮差押の効力

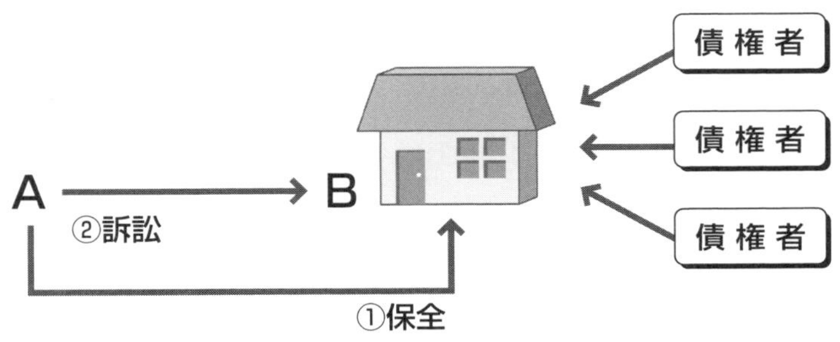

■ 占有移転禁止の仮処分

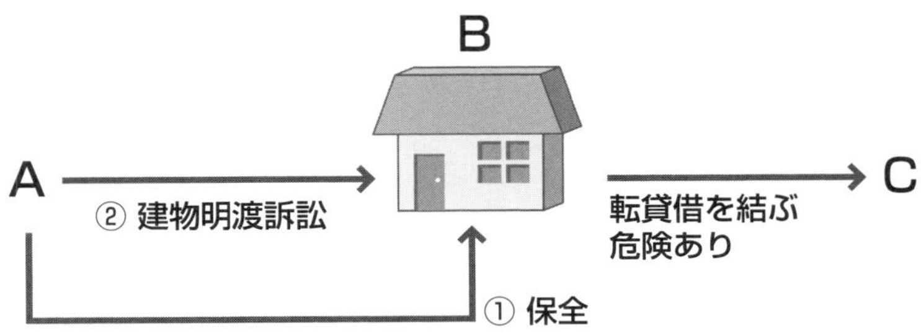

保全の申立先と申請手続き

どこに申し立てればよいのか

民事保全の申立ては、本案を提起する前もしくは同時になされるのが一般的です。たとえば、本案が貸金返還請求訴訟で、保全命令事件が不動産の仮差押だとしましょう。その場合、申立先は本案の貸金返還請求訴訟を管轄する裁判所もしくは仮差押の対象物である不動産の所在地を管轄する地方裁判所になります。

また、係争物（訴訟において争いとなる目的物）に関する仮処分の申立先は、係争物の所在地を管轄する地方裁判所になります。

以上のように、保全命令の申立先は法律上決まっており、（これを専属管轄といいます）当事者の合意によって申立先を決めること（合意管轄）を認めていません。

発令裁判所と執行裁判所の区別について

保全命令を発する裁判所を発令裁判所といい、保全執行を行う裁判所を執行裁判所と呼びます。このあたりの区別はわかりにくいところですが、たとえば、本案の貸金返還請求訴訟において原告が勝訴判決を得た場合を考えてみてください。この場合、原告は本案の勝訴だけを根拠にして、当然に強制執行できるわけではありません。まずは期限までに任意に弁済してもらうよう手続きを進め、それでも弁済されないときに初めて強制執行の申立てができるということを考えてみればわかりやすいでしょう。これと同様の理由から、仮差押命令を発令した裁判所が当然に保全執行手続まで行っていくわけではありません。そのような意味から、両者は区別されています。

申立てに必要な書類を提出する

債権者（民事保全では、申し立てる側の人間の呼称になります）は、下記の必要書類をそろえて管轄裁判所に保全命令の申立てをします。

・申立書1通

手数料として、1個の申立てにつき貼用印紙2000円を納める必要があります。

・資格証明書、不動産登記事項証明書（不動産仮差押の場合）、訴訟委任状（弁護士に委任した場合）、疎明書類の原本と写し各1部

資格証明書は3か月以内に発行されたものを提出します。

担保の決定と提供

保全命令の申立てが認められると、裁判官が担保決定を下して、その後に口頭で債権者に告知されます。担保とは、保全執行手続のために、債権者が裁判所に納めなければならない手数料のようなものですが、本案で勝訴すれば裁判所の決定を経て取り戻すことができます。債権者は担保を登記所（法務局、地方法務局・その支局及び出張所を総称して登記所といいます）に供託（28ページ）して、供託正本とその写しを発令裁判所に提出します。さらに、担保提供時あるいはその後に当事者目録、請求債権目録などの各種目録書類、登録免許税、郵便切手代などを提出する必要があります。

発令と執行手続

裁判所は債権者に保全命令正本を送達します。債務者に秘密裏に進められる必要のある民事保全については、債務者には送達しません。しかし、たとえば、債務者に「道路工事を直ちに中止せよ」といった義務を課するような場合には、債務者への送達が必要になります。ただ、具体的な執行方法は対象ごとに異なります。たとえば、不動産の仮差押を行う場合は、占有者（債務者）を強制的に立ち退かせるのではなく、法務局（登記所）に登記を嘱託するか、強制管理の方法もしくはこれらを併用する方法によります（強制管理とは、債務者が家主として受け取っている賃料を差し押さえた上で、取り上げて各債権者に分けていく手続のことをいいます)。

保全命令申立て後の不服申立ての種類

保全命令の申立て後に当事者に認められている代表的な不服申立てを以下に挙げておきます。申立てができる場合、だれが申し立てることができるのか把握しておいてください。

・即時抗告

保全命令の申立を却下する裁判所の決定に対して、「債権者」に認められている不服申立てです。債権者は、却下の告知を受けてから2週間以内に申し立てなければなりません。

・保全異議と保全取消し

いずれも保全命令が発令された場合に「債務者」に認められている不服申立てです。

保全異議とは、保全命令の要件が存在しないとして、保全命令の取消しを求める場合をいいます。保全取消しとは、保全命令は一応有効に存在するが、その後に被保全権利または保全の必要性について発令時と異なる事情が生じたことなどを理由として保全命令の取消しを求める場合をいいます。なお、ここで「債権者の主張している貸金債権」のことを被保全権利といいます。

・保全抗告

保全異議または保全取消しの申立てについての裁判に対する不服申立てをいいます。債権者・債務者どちらからでも申し立てることができます。

第２章

民事執行・担保権実行の書式

強制執行の財産の調査

十分な調査が不可欠である

債務者がどのような財産をどこに保有しているのかを事前に調査しておくことは、強制執行にあたっては不可欠な要素です。貸金や売買の契約を締結する際に、それとなく債務者の財産状態を聞き取っておくことも大切です。対象となる財産によって、調査の方法はもちろん、調査すべき力点も異なってきます。

不動産の調査をする

不動産の特徴は何といっても、登記によって世間一般に対して財産状態が公示されていることです。登記とは、不動産の情報を法務局にある登記簿という公簿に記録することをいいます。

登記は不動産の権利関係を公示するものです。そのため、登記簿はだれでも見ることができるようになっています。登記簿を見れば、不動産の所有者や、その不動産に設定されている抵当権（97ページ）がわかります。つまり、不動産は隠すこともできませんし、不動産をめぐる他の法律関係も把握することができるので、他の強制執行の対象とは異なって比較的調査はしやすいといえるでしょう。

預金債権の調査をする

債権は、第三債務者（債務者が有する債権の債務者）が確実な資産を保有している限り、強制執行の対象としては有効なものとなります。債務者が会社員である場合の勤務先、預金者である場合の銀行・信用金庫、事業者である場合の経営状態の良好な取引先は、確実に債権を回収するための相手となります。

財産開示手続きとは何か

金融機関が金銭の貸付けを行う場合には必ず抵当権などの担保権を設定します。このように、最初から相手の財産がはっきりしていて、担保権を確保していればよいのですが、そうでない場合には、実際のところ債権の回収が困難になるケースも多々あります。せっかく苦労して裁判に勝つなどしても、相手の財産の有無・所在などがはっきりしていないと意味がありません。そこで、民事執行法は債務者の財産を開示させる制度として「財産開示手続」を置いています。

ただ、従来の財産開示手続きは、債務者の自己申告によるため、嘘をついた場合でも30万円以下の過料しか科せられないことから、強制力が弱く、実効性に乏しい制度でした。そこで、2019年５月に民事執行法の一部が改正され、実効性のある手続きとして「財産開示手続き」が生まれ変わりました。

具体的には、申立権者の範囲の拡大や罰則の強化に加え、第三者から債務者の財産に関する情報を取得できる制度が新設されています。施行は2020年４月１日の予定です。

第三者からの情報取得制度の新設

執行裁判所に申立てをすれば、執行裁判所は銀行や証券会社などの金融機関や登記所、市町村や日本年金機構等に対し情報の提供を命ずることができます。

これにより、登記所は債務者が登記名義人となる土地や建物に関する情報を、市町村や日本年金機構は給与債権（勤務先）に関する情報を、金融機関は債務者名義の預貯金債権や上場株式、国債等に関する情報を回答する必要があります。

申立てをすることができるのは、執行力のある債務名義の正本を有する金銭債権の債権者と、債務者の財産について一般の先取特権（法律の定めによって発生する特殊な担保権）を有することを証する文書を提出した債権者です。

なお、給与債権に関する情報については、養育費・扶養義務等に関する債権や生命・身体侵害による損害賠償請求権を有する債権者のみが申立てをすることができます。

その他の改正ポイント

これまで財産開示手続きは、確定判決等を有する債権者に限定され、債務名義であっても、仮執行宣言付判決や仮執行宣言付支払督促、執行証書（期限内に返済しなければ、債務者は強制執行に服することを認めるという文言が入った公正証書）を有する債権者は除外されていたため、公正証書により金銭の支払いの取り決めをした場合は、手続きを利用できないという弊害がありました。

そこで、改正法は、申立てをすることができる者を単に「執行力のある債務名義の正本を有する金銭債権の債権者」とし、申立権者の範囲を拡大したため、公正証書の場合でも利用が可能になりました。

また、従来、債務者が虚偽の陳述をした場合や出頭を拒んだ場合、30万円以下の過料しか科せられなかったため、財産に関する嘘の申告や出廷しない債務者もおり、強制力が弱いとの指摘がありました。そこで、改正法では不出頭や虚偽陳述に対する罰則を強化し、不出頭には６か月以下の懲役または50万円以下の罰金という刑事罰による制裁を科すことで、手続きの実効性の向上を図っています。

財産開示手続きの流れはどうなっている

申立先は、原則として、債務者の住所地を管轄する地方裁判所です。申立ての期間は制限されています。過去３年以内に債務者について、財産開示手続きが実施されている場合には手続きができません。なお、債務者が一部の財産を開示していなかった、新しい財産を取得した、債務者と使用者との雇用関係が終了した、といった事情がある場合には、例外的に財産開示手続きが実施されます。

申立ては、申立書に申立てができる債権者であることや申立て理由、証拠などを記載して提出します。申立てを受けた裁判所は、財産開示手続開始を決定し、債務者を呼び出します。

呼び出しを受けた債務者は事前に財産目録を作成・提出した上で、期日に裁判所に出頭します。出頭した債務者は、自分の財産について陳述し、これに対して債権者は裁判所の許可を得て質問をすることができます。

なお、第三者からの情報取得手続きを申し立てる場合は、債務者の住所地（住所地がない場合には情報提供を命ぜられる者の所在地）を管轄する地方裁判所へ申し立てることになります。申立てを受けた裁判所は申立てを認める決定をすると、金融機関や登記所、市町村や年金機構等に対し債務者の財産に関する情報の提出を命じます。命令を受けた金融機関等は必要事項を裁判所へ書面で回答し、裁判所から申立人に書面の写しが送付されることになります。なお、取得情報を目的外で利用した場合は罰則が科せられます。

■ 財産開示手続きの流れ

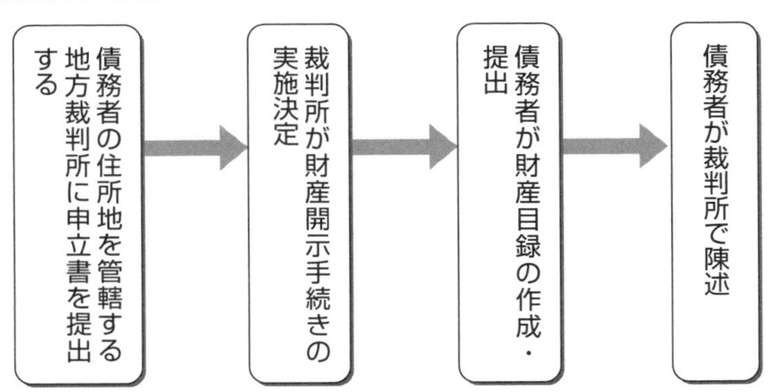

書式1　財産開示手続申立書

財 産 開 示 手 続 申 立 書

○○地方裁判所 御中

令和　1　年　11　月　7　日

申立人　島田　太郎　　　　　　　　　　㊞

電　話03－XXXX－XXXX
ＦＡＸ03－XXXX－XXXX

当事者別紙目録記載のとおり（略）
請求債権別紙目録記載のとおり（略）

申立人は，債務者に対し，別紙請求債権目録記載の執行力のある債務名義の正本に記載された請求債権を有しているが，債務者がその支払をせず，下記の要件に該当するので，債務者について財産開示手続の実施を求める。

記

1　民事執行法１９７条１項の要件

□　強制執行又は担保権の実行における配当等の手続（本件申立ての日より６月以上前に終了したものを除く。）において，金銭債権の完全な弁済を得ることができなかった（１号）。

☑　知れている財産に対する強制執行を実施しても，金銭債権の完全な弁済を得られない（２号）。

2　民事執行法１９７条３項の要件

債務者が，本件申立ての日前３ 年以内に財産開示期日においてその財産について陳述したことを

☑　知らない。

□　知っている。

（「知っている」にチェックした場合は，次のいずれかにチェックする。）

□　債務者が当該財産開示期日において，一部の財産を開示しなかった（１号）。

□　債務者が当該財産開示期日の後に新たに財産を取得した（２号）。
（取得した財産　　　　　　　　　　　　　　　　　　）

□　当該財産開示期日の後に債務者と使用者との雇用関係が終了した（３号）。

（添付書類）

☑ 執行力のある債務名義の正本　1通
☑ 同送達証明書　1通
☑ 判決確定証明書　1通
☑ 資格証明書　1通
☑ 住民票　1通
☐ 　通
☐ 　通

（証拠書類）

1　民事執行法１９７条１項１号の要件立証資料
☐ 配当表謄本　甲第　号証
☐ 弁済金交付計算書謄本　甲第　号証
☐ 不動産競売開始決定正本　甲第　号証
☐ 債権差押命令正本　甲第　号証
☐ 配当期日呼出状　甲第　号証
☐ 　甲第　号証
☐ 　甲第　号証

2　民事執行法１９７条１項２号の要件立証資料
☑ 財産調査結果報告書　甲第１号証
☑ 不動産登記事項証明書　甲第２号証
☐ 　甲第　号証
☐ 　甲第　号証

3　民事執行法１９７条３項の要件立証資料
☐ 財産開示期日調書謄本　甲第　号証
☐ 財産調査結果報告書　甲第　号証
☐ 退職証明書　甲第　号証
☐ 　甲第　号証
☐ 　甲第　号証

不動産競売の申立て

申立ては書面でする

不動産の強制執行（強制競売）は、債権者の申立てによって始まります。この申立てを「不動産強制競売申立て」といいます。債務名義があるからといって、申立てもないのに裁判所が自動的に動いてくれるわけではありません。

申立ては、不動産競売申立書を通じて行うことになっています。口頭ではありません。もちろん、申立書だけではなく、他に各種の必要書類を添付しなければなりません。ここでは、必要書類について、説明していきましょう。

執行力のある債務名義の正本

強制競売にあたっては債務名義が必要であることは、別の項目で説明したとおりです。具体的には、確定判決、執行証書の正本などです。ただ、それだけでは強制競売を始めることはできません。債務名義の内容をそのまま強制的に実現できるという執行力がなければなりません。つまり、執行文が付与されていることが要求されるのです。

送達証明書を発行してもらう

強制競売の手続きは民事執行法などで規定されていますが、債権者だけのために規定されているわけではありません。強制競売は、国家権力によって有無を言わさず債務者から財産を取り上げるのですが、債務者側に言い分がある場合には、当然の権利として、それを聞かなければなりません。

その前提として債務名義が相手方に知らされていることが必要にな

ります。どのような債務名義が存在し、それによって不利益を受けるのかを、債務者が知っていなければ防御ができないからです。そのため、債務名義を、債務者に送達することになっています。債務名義が債務者に対して送達されていることを証明する書面（送達証明書）を、申立てにあたって添付して提出しなければなりません。通常の訴訟手続によって判決が下され、それが確定すると、裁判所からそのまま職権で判決正本が送達されます。

しかし、それ以外に、当事者の申請によって債務名義が送達されるケースもあります。強制競売を申し立てるのであれば、送達機関に対して送達を証明する書面を発行してもらえるように、送達証明申請書（51ページ）を提出しておきましょう。

登記事項証明書を取得する

強制競売は強制的に不動産を処分してしまうものなので、その不動産をめぐる所有権その他の権利関係は、裁判所によって正確に把握されなければなりません。不動産をめぐる権利関係を公示しているのが、不動産登記です。強制競売を申し立てるには、当該不動産に関する登記事項証明書を取得し、添付して提出することになっています。登記事項証明書は申立てより１か月以内のものが必要です。裁判所はこれ

■ 申立てに必要な書類

執行力のある債務名義の正本	確定判決・執行証書など
送達証明書	債務名義が債務者に送達されたことを証明する書面
登記事項証明書	不動産の権利関係を公示するもの
資格証明書	債権者または債務者が法人である場合に要する
公課証明書	不動産にかけられている税金を示す

を参照して、抵当権者などの他の権利者についても知ることができるわけです。

なお、土地と建物のいずれか一方に対してのみ強制競売を行う場合には、土地と建物の双方について、登記事項証明書を用意しておきます。競売後でも建物を維持するために法定地上権（契約をしなくても、法律によって地上権が成立すること）が成立したり、土地賃借権の存在により土地の競売価格もかなり安くなるなど、土地と建物は相互に影響を及ぼしあうからです。

資格証明書を用意する

債権者または債務者が会社などの法人である場合には、法人をだれが代表するかということは重要なことです。そのため、債権者・債務者のいずれかが法人である場合には、代表者の資格を証明する書面を提出します。具体的には、代表者事項証明書または商業登記事項証明書を用意します。債権者・債務者が個人の場合は住民票を用意します。いずれも申立てより１か月以内のものが必要です。

公課証明書を提出する

競売にかけられている不動産を買い取ろうとする者にとっては、固定資産税、都市計画税といった税金がその不動産にどれだけかけられるのかは重要な関心事です。そのため、申立てに際して、当該不動産にどれだけの税金がかけられているのかを示す、公課証明書（最新年度のもの）も提出することになります。

公課証明書は、不動産所在地を管轄する市町村役場（東京都23区内なら都税事務所）で発行されます。公課証明書は、原則として、その不動産の所有者にのみ発行されることになっています。そのため、不動産競売申立書を作成した後にそれをコピーし、それを提出して、競売申立てに必要であることを示しつつ、公課証明書の発行を申請します。

書式２　送達証明申請書

収入印紙
150 円
(消印しない)

事件番号	令和　　年（　　　）第　　　　　　　事件
送　達　証　明　申　請　書	
当事者の表示	□原　告　☑債権者　□申立人　　　川口　三郎 □被　告　☑債務者　□相手方　　　吉田　　広
書類の表示 （番号を○で囲む）	① 判　　　決 2 和　解　調　書 3 第　回 口頭弁論調書 （□判決・□少額訴訟判決・□和解・□その他（　　　　）） 4 和解に代わる決定 5 調　停　調　書 6 調停に代わる決定 7 その他（　　　　　　　）

上記当事者間の頭書事件につき上記書類の正本は、　　　　　　　に対して平成　　年　　月　　日に送達されたことを証明願います。

令和　1　年　6　月　21　日

申請人住所　東京都世田谷区駒沢公園2番

申請人　川口　三郎

地方裁判所　　御中

貼用印紙 150 円	係印	受付印

※　上の太い黒枠内について記入してください。

※　項目を選択する場合には，□欄に「レ」を付してください。

申立書の記載上の注意点

書類のサイズはＡ４判

強制競売を申し立てるには、まず、不動産強制競売申立書（66ページ）を作成します。サイズはＡ４判を使用します。裁判所もこの標準を採用しており、申立書はＡ４判のサイズで作成しましょう。

申立書にどのような事項を記載するのかについては、民事執行規則21条が根拠条文となりますが、以下の各項目を記載することになります。

①　当事者の表示

申立書によって申し立てることができる強制競売の当事者がだれとだれであるのかを記載します。

強制競売手続きでは、強制競売を申し立てる当事者を「債権者」、強制競売をかけられる当事者を「債務者」と呼んでいます。申立書に、この債権者、債務者を正確に記載します。当事者が法人である場合には、「株式会社○○」「□□合名会社」などと正式会社名を記載します。

強制競売についても通常の訴訟手続と同様に、弁護士などを代理人に立てて申し立てることはできます。その際、代理人の氏名も、申立書に記載します。

②　債務名義

強制競売に必要不可欠なのが債務名義です。申立書にも、当然のことながら、債務名義を記載します。根拠となる債務名義がどのようなものか、債務額はいくらになるのか、といったことを正確に記載します。

③　目的とする財産

強制競売では、執行の対象となる不動産を定める必要があります。債務者所有の不動産を特定して、申立書に記載します。事前に取得してある登記事項証明書を参考に、他の土地・建物と間違いが生じないように、明確に記載しましょう。

④　**求める強制競売の方法**

申立書には、求める強制競売の方法も記載します。この場合、強制競売の開始を求める旨を表示することになります。

⑤　**一部執行を求める場合**

たとえば、債権者が債務者から弁済を受けるときに、「とりあえず、貸金の一部だけでもいいから…」などと言って、債権の一部だけを取り立てるケースがあります。強制競売の場合でもこの理屈は通用し、債権の一部についてのみ、強制競売をかけることは許されています。

その場合には、申立書に、一部執行を希望する旨と、その一部がいくらになるのかを記載します。

最高裁判所の発表した基本申立例

以上のような事項を申立書に記載していくことになっていますが、最高裁判所が申立人の便宜を図って、基本的な申立書の例を発表しています。この基本申立例は、下記のように構成されています。つまり、ⓐ申立書、ⓑ当事者目録、ⓒ請求債権目録、ⓓ物件目録です。

■ 申立書の記載事項

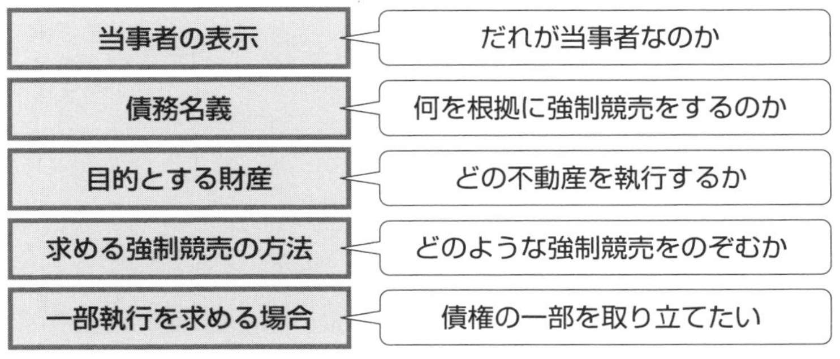

書式３　不動産強制競売申立書

強制競売申立書

東京地方裁判所民事第２１部御中

令和１年７月３日

債　権　者　　村田商事株式会社

代表者代表取締役　村田一郎　㊞

電　話　03－XXXX－XXXX

ＦＡＸ　03－XXXX－XXXX

当　事　者　　別紙当事者目録のとおり

請求債権　　別紙請求債権目録のとおり

目的不動産　　別紙物件目録のとおり

債権者は，債務者に対し，別紙請求債権目録記載の債務名義に表示された上記債権を有するが，債務者がその弁済をしないので，債務者所有の上記不動産に対する強制競売の手続の開始を求める。

添付書類

1	執行力ある判決正本	１通
2	送達証明書	１通
3	不動産登記事項証明書	２通
4	資格証明書	１通
5	住民票	１通
6	売却に関する意見書	１通
7	公課証明書	２通
8	不動産登記法１４条の地図の写し	２通

※申立書と各目録との間に契印し，各ページの上部欄外に捨印を押す。

当　事　者　目　録

〒104－0061　　東京都中央区銀座９丁目３番４号
申立債権者　　　村田商事株式会社
代表者代表取締役　村田一郎

〒104－0061　　東京都中央区銀座10丁目２番１号
債　務　者　　北　川　太　郎

請　求　債　権　目　録

債権者債務者間の東京地方裁判所令和１年（ワ）第○○号○○○請求事件の執行力ある判決正本に表示された下記金員

記

(1) 元　金　　　金10,000,000円　ただし貸付残元金

(2) 損害金

ただし (1) の金員に対する平成30年３月10日から完済に至るまで，年６パーセントの割合による遅延損害金

物　件　目　録

１　所　　在　東京都中央区銀座10丁目
　　地　　番　２番１
　　地　　目　宅地
　　地　　積　80.21平方メートル

２　所　　在　東京都中央区銀座10丁目２番地１
　　家屋番号　２番１
　　種　　類　居宅
　　構　　造　木造瓦葺平家建
　　床 面 積　53.78平方メートル

申立書本文の記載

書くべきことを漏らさないように気をつける

申立書（54ページ）の本文は、申し立てられようとしている強制競売について必要な情報を集約してあって、強制競売の概要について一見して理解できるようになっています。

記載例を参考にして、漏れのないように申立書本文を作成してみてください。各項目では、以下の点について注意しておいてください。

① 表題部分

申立書本文の表題は、申立てを希望する強制競売を端的に表記します。ここでは、「不動産強制競売申立書」または「強制競売申立書」と記載します。

② 宛先部分

表題部分の下には、宛先を記載します。つまり、強制競売を申し立てる管轄裁判所名を記載します。「○○地方裁判所　御中」もしくは「□□地方裁判所△△支部　御中」といったようになります。

なお、東京地方裁判所には、執行関係専門の部署として民事第21部が設置されているので、「東京地方裁判所民事第21部　御中」と記載します。

③ 年月日部分

年月日は、「令和○○年○月○日」と記載しますが、申立書を作成する日ではなく、裁判所に提出する日を記載します。

④ 作成名義人の記名・押印部分

作成名義人として、申立てを行う債権者名を記載します。

会社などの法人の場合には、「株式会社○○商事　代表者代表取締役○○○○　印」などと記載し、電話番号・ファックス番号も記載します。法人名は通称などを使用せず、商業登記簿に登記されているとおりの名称を記載します。代表者は、添付する商業登記事項証明書や資格証明書などの表記と一致するように注意してください。

また、代理人によって申立てをする場合には、代理人の氏名に押印、そして、電話番号とファックス番号を記載します。

⑤ 当事者・請求債権・目的不動産

当事者、請求債権、目的不動産については、記載すべき内容が多岐にわたるため、添付する別紙目録に記載します。そのため、「別紙目録のとおり」と記載します。

⑥ 申立ての趣旨の部分

続いて申立ての趣旨、つまり債務名義に基づいて強制競売を求める旨の意思を記載します。

訴訟など、確定判決を債務名義とするケースでは、「債権者は、債務者に対し、別紙請求債権目録記載の債務名義に表示された上記債権を有するが、債務者がその弁済をしないので、債務者所有の上記不動産に対する強制競売の手続の開始を求める」と記載することになります。

⑦ 添付書類の表示の部分

申立書本文の最後には、申立書に添付して提出する書類を列挙して表示します。実際に添付、提出する書類と一致するように、十分に気をつけてください。

当事者目録の記載

基本的な記載方法はどうなっているのか

当事者目録（55ページ）には、債権者と債務者双方の記載をしますが、個人である場合と法人である場合とで、基本的な記載方法は異なります。

①　個人である場合

債権者または債務者が個人である場合には、住所と氏名の記載によって、その人物を特定します。

住所については、住民票と同一の表記になるように十分注意してください。また、アパート、マンション名も正確に記入します。送達上の便宜のために、郵便番号も記載しておきましょう。住所と送達先が別になる場合には、送達場所として、その場所を併記することになります。なお、ここで送達されるのは、債務名義ではなく（15ページ、48～49ページ）、競売開始決定の正本（19ページ）です。

また、債務名義が成立後に、結婚または離婚などによって氏が変更していたら、かっこ書きにより、旧氏名も併記しておきます。同様に、引越しによって住所が変更されている場合にも、現住所の表示とともに、旧住所を併記しておきます。

②　法人である場合

債権者または債務者が法人である場合には、本店（本社）または主たる事務所の所在地と法人名の記載によって、法人を特定します。

本店または主たる事務所の所在地は、商業登記簿などと同一になるように注意しましょう。地番表示もハイフン表記ではなく、正確に表示します。もちろん、法人名も正確に表記します。

法人の場合には、その代表者を必ず記載します。代表者名とその肩書きが、登記簿と一致していなければなりません。

③　代理人がいる場合

強制競売の申立てを代理人によって行うことも認められています。弁護士が依頼を受けて申立てをすることもありますが、会社の担当者（支配人）が代理人となるケースもよくあります。弁護士以外の者を代理人とする場合には、裁判所の許可が必要です。

代理人についても、住所と氏名を正確に記載します。会社の担当者が代理人となるケースでは、現住所は、その者の住まいの所在地よりも、会社の担当部署の所在地を記載することが多いようです。

また、代理人の電話番号とファックス番号も併記しておきましょう。

■ 一般的な当事者目録の記載例 ……………………………………

当事者目録

〒158 - 0012　東京都世田谷区駒沢６丁目１番
申立債権者　南田一郎

■ 住所を変更した場合の記載例 ……………………………………

当事者目録

不動産登記記録上の住所
〒154 - 0012　東京都世田谷区駒沢６丁目１番
現住所
〒158 - 0098　東京都世田谷区上用賀７丁目２番
申立債権者　南田一郎

6 請求債権目録の記載

請求債権の特定

請求債権目録（55ページ）では、まず、強制競売の根拠となる請求債権を特定します。この場合の債権は、債務名義の内容となっているはずであり、債務名義には必ず事件番号などがつけられており、それを使用することによって特定ができるようになっています。

具体的には、次のような記載になります。

① 債務名義が確定判決のケース

「○○地方裁判所令和○年（ ）第○○○号○○○○請求事件の執行力ある判決正本に表示された下記金員」などとなります。

② 債務名義が和解調書のケース

和解調書の条項まで詳しく記載することになっています。つまり、「□□地方裁判所平成□□年（ ）第□□□号請求事件の執行力ある和解調書正本に表示された下記金員」などとなります。

③ 債務名義が仮執行宣言付支払督促のケース

「△△簡易裁判所平成△△年（ ）第△△△号請求事件の仮執行宣言付支払督促正本に表示された下記金員」などとなります。

④ 債務名義が執行証書のケース

「▽▽法務局所属公証人▽▽▽▽作成平成▽▽年第▽▽▽号…公正証書の執行力ある正本に表示された下記金員」などと記載します。

請求債権の表示方法

請求債権を表示しますが、ここで申し立てられている不動産強制競売の場合には、簡潔な表示で十分です。債務名義によって請求債権が特定されているので、債権の原因についてまで重複して詳細に記載する必要はないからです。

この点は、抵当権などの担保権を実行する場合とは異なっています。担保権の実行では、それが担保している債権（被担保債権）が存在していなければならないので、担保権の特定だけではなく、その被担保債権の原因についても明らかにしておく必要があるのです。

具体的には、売買代金であれば「金〇〇〇万円　ただし、売買残代金」、貸付金であれば「元金〇〇〇万円　ただし、貸付残元金」、手形金であれば「金〇〇〇万円　ただし、約束手形金債権」などと記載します。

金額の表示方法

請求債権目録では、債権の金額も記載しなければなりません。債権の金額は債務名義を根拠に確定できるのであれば、その金額をそのまま記載すればすみます。

しかし、債権の金額は、常に一定しているとは限りません。通常の借金のパターンを思い出してもらえれば理解できると思いますが、貸金には利息がつくのが通常です。

また、期限を守らないと損害金を支払うことを約束されていることが多いようです。借金のケースだけではなく、売買代金のケースでも、損害金（違約金）などが定められていることはよくあります。これらは、強制競売手続の最終段階になってみないと、正確に定まった金額は算出できません。

ただ、不動産強制競売の場合には、最終の配当の段階で弁済が遅れている期間が判明し、そこで、債権者が計算書を提出すれば、最終的に確定した債権額全額を組み入れてもらえます。そのため、申立ての段階では、利息や損害金については、その計算方法さえ記載しておけば十分です。「元金に対する平成〇〇年〇月〇日から完済に至るまで年〇％の割合による利息（遅延損害金）」といった記載です。上記の例にもある手形金の場合は、利息は年６分と商法で定められているので、単に「利息」と表示することも認められます。

なお、実際の取引などの場面では、利息と遅延損害金を区別せずに、両方とも「利息」と呼ぶことも少なくありません。しかし、本来の意味は、支払期日まで発生するものが利息、その翌日から発生するものが遅延損害金であり、厳密に言えば区別されるべきものです。

一部請求の場合

債権の一部分についてのみ、強制競売を申し立てることができます。その場合には、一部分のみの強制競売である旨と金額がいくらになるのかを記載します。

分割払いを一括して請求する場合

債務者には通常、期限の利益があります。期限の利益とは、支払期日までは債務を返済する必要がないことです。たとえば、返済日が令和２年６月１日であれば、債務者は支払日まで債務を返済しなくても問題はありません。

ただ、分割して債務を弁済する場合には、ほとんどの契約において、期限の利益喪失約款（121ページ）が定められています。期限の利益喪失約款とは、債務者が分割払いを１回でも怠れば、残りの全額を債権者が請求することができるというものです。

たとえば、債務の月々の返済日が毎月末日だとします。債務者が末日にその月の支払分を怠った場合に、債務者は期限の利益を喪失し、債権者は債務者に対して残りの債務残高の全額を請求することができます。

期限の利益喪失約款を根拠に、分割払いの債権全額の請求をする場合には、その原因となる事実と全額請求する旨を記載します。

物件目録の記載

登記簿の記載と一致するように注意する

不動産強制競売申立書には、物件目録（55ページ）も添付して、どの不動産に対して強制競売をかけてもらいたいのかを明示します。不動産の同一性を示すには、さまざまな方法がありますが、ここではかなり精密な特定が要求されています。不動産をめぐる権利関係は、不動産登記簿に反映されることになっています。申立てに際しては、原則として、登記簿の記載と正確に一致していることが前提とされるのです。物件目録の記載では、その点によく注意してください。

基本的な記載方法

物件目録への対象不動産の記載ですが、当該不動産の登記簿の表題部と一致していなければなりません。

不動産登記は、表題部・権利部（甲区）・権利部（乙区）の三部から構成されています。このうち、表題部とは、その不動産が物理的にどのような状況にあるのかを示している部分です。

表題部の記載内容については、土地と建物とでは、当然のことながら異なっています。物件目録も、強制競売の対象が土地か建物かで、特定するための表示内容が異なってきます。

①　土地の場合

土地を特定する場合には、所在、地番、地目、地積を記載します。所在と地番で土地のある場所を示します。ただ、一般の住居表示とは異なっていることがほとんどなので、登記簿の記載に忠実に記載するように注意を要します。地目は、その土地がどのような用途に使用されているのかを示します。地積は面積です。実際に測量した面積と異なることがありますが、登記簿の表記に即して記載しておきます。

② 建物の場合

建物を特定する場合には、所在、家屋番号、種類、構造、床面積を記載します。家屋番号は建物につけられた背番号のようなものです。

分譲マンションの場合の記載方法

債務者所有のマンションに対して強制競売を申し立てる場合でも、登記簿の表題部の内容を記載する点は、通常の土地や建物の場合と同様です。ただ、分譲マンションでは、建物自体の敷地に対する権利（敷地権）もあることと、建物自体と専有部分の双方が特定される必要がある点に注意してください。

そして、昭和59年の「建物の区分所有等に関する法律」の改正前後で、登記簿上の敷地権の表示の有無に違いがありますから、目録への記載方法もそれに応じて異なってきます。

① 敷地権の表示がない場合

昭和59年の改正前の登記であり、表題部に敷地権の表示がない場合、建物自体の敷地となっている土地も表示します。表示の方法は、所在、地番、地目、地積の記載によって行います。ただ、かっこ書きで、債務者の持分を明らかにする必要があります。たとえば、「○○○○持分　□□□分の□□」といったようにです。

また、建物自体と専有部分の双方についての表示が必要です。建物自体については「一棟の建物の表示」、専有部分については「専有部分の建物の表示」として、別々に表示することになります。いずれにしても表題部の記載に依拠していればよいのです。

② 敷地権の表示がある場合

昭和59年の改正後の登記で、表題部に敷地権の表示がある場合には、目録の記載方法は多少異なります。

建物自体の敷地となっている土地に関する表示は不要で、「敷地権の表示」を記載すればそれですみます。それ以外は、建物自体については「一棟の建物の表示」、専有部分については「専有部分の建物の表示」として、別々に表示します。

表題部の表示と実際が異なる場合にはどうする

土地にしても建物にしても、登記簿表題部の表示と内容が異なっていることもあります。意外かもしれませんが、土地の地積などは、実際に測量してみると、登記簿の数値と異なっていることがよくあります。このような場合、表題部の示している内容に従って、目録を作成しておけばよいでしょう。

裁判所では、提出された目録の記載に従って、法務局（登記所）に対して差押登記を嘱託（依頼）します。登記簿の記載と異なっていると、法務局は差押登記の嘱託を却下（内容を審査せず門前払いすること）します。

■ 基本的な物件目録の記載例

表題部（土地の表示）		調製	余白	不動産番号	0000000000000
地図番号	余白	筆界特定	余白		
所在	新宿区○○町一丁目			余白	
①地番	②地目	③地積 ㎡		原因及びその日付〔登記の日付〕	
1番12	宅地	100:00		○○ 〔平成○○年○月○日〕	
所有者	○○区○○町○丁目○番○号 ○○○○				

物件目録

所在　新宿区○○町一丁目
地番　1番12
地目　宅地
地積　100.00平方メートル

8 申立書の提出

申立書本文と目録をとじる

申立書本文、当事者目録、請求債権目録、物件目録の作成が終了したら、いよいよ「不動産強制競売申立書」(54ページ) を完成させます。不動産強制競売申立書は、申立書本文、当事者目録、請求債権目録、物件目録が、一体となってはじめて1通を形成しています。これらの書面を上から順に重ねてとじます。とじた後に、申立書の申立人欄に押印をし、さらに同じ印鑑でとじた各紙の間に契印（複数枚にわたる文書の毎葉のつながりが正しいことを示すために、つなぎ目や綴じ目にする押印）をしておきます。

各書類は何枚必要なのか

申立ての意思を表明する不動産強制競売申立書自体は、申立書本文、当事者目録、請求債権目録、物件目録から構成されています。54～55ページの例の場合は、各1枚ずつとなっています。

しかし、提出すべき枚数はこれだけではありません。

強制競売の申立てがなされると、裁判所は、当該不動産の所在地を管轄する法務局（登記所）に差押登記の嘱託をするなど、各種の手続きを進めます。その際に、申立ての内容を示す目録が必要になります。

そこで、当事者目録、請求債権目録、物件目録については、余分に枚数を提出することになっています。

枚数については、各当事者数に加えて、各裁判所で定めている枚数を提出します。何枚の目録を用意すべきかは、事前に管轄の裁判所に問い合わせておきます。また、前述した必要枚数以外にも、自分の手元に残しておく控えとして1部ずつ余分に作成しておくとよいでしょう。

なお、作成については、複写コピーでかまいません。

申立書はどこに提出するのか

申立書の作成が終了すると、いよいよそれを提出して不動産強制競売を申し立てることになります。強制競売の手続きは裁判所で行います。ただ、裁判所だからといって、どこにでも強制競売を申し立てることができるわけではありません。専属管轄といって、強制競売ができる裁判所は、法律で決まっているのです。

まず、裁判所の種類には、最高裁判所、高等裁判所、地方裁判所、簡易裁判所、家庭裁判所がありますが、強制競売を取り扱う裁判所は地方裁判所ですので地方裁判所に申立てをするようにしましょう。

次に、全国各地にある地方裁判所の中で、強制競売の対象となる不動産の所在地を管轄する地方裁判所に対して申立てをしなければなりません。当該不動産の所在地を管轄する地方裁判所が不明な場合には、その不動産の所在する都道府県の地方裁判所に照会してみるとよいでしょう。

■ 不動産強制執行の申立てに必要な書類

- ■ 不動産強制競売申立書
- ■ 当事者目録
- ■ 請求債権目録
- ■ 物件目録
- ■ 不動産に課せられる税金の額を証明する文書（公課証明書）
- ■ 登記事項証明書
- ■ 登記名義と実際の不動産の所有者が異なる場合には、債務者が不動産を所有していることを証明する文書
- ■ 登記されていない不動産については、不動産が債務者の所有に属する旨を示す書類と、土地の所在図
- ■ 建物については、建物が所在する土地の登記事項証明書

よく契約書などに紛争が生じた場合の裁判所が前もって規定されているケースがありますが、強制競売の管轄は当事者の契約で変動させることはできません。管轄の地方裁判所が判明したら、申立てはその地方裁判所の民事事件を担当する窓口で行います。ただ、東京地方裁判所のように強制競売を専門に取り扱う部署が設置されているときは、そちらで手続きをしてください。

申立てにかかる費用はどのくらいかかるのか

不動産強制競売の申立てをするには、それなりの費用がかかります。もっとも、強制競売の結果、現金が配当される段階で、かかった費用は優先的に支払われることになっているので、回収できることにはなります。ただ、事前に、現金や切手によって、定められた費用を用意しておかなければなりません。

用意すべき費用は、次のものです。

① 申立手数料

申立て自体にかかる手数料として、「申立手数料」が必要になります。支払いは、収入印紙を購入し、申立書に貼付する方法によって行います。印紙の額は、請求債権１個につき4,000円分が必要です。対象不動産が複数であっても、１つの債務名義に基づく申立てであれば4,000円分で足ります。

② 予納切手

申立書の提出時に、裁判所の指定する分の切手を納める必要があります。この切手は強制競売手続中、関係者への通知に使用されるもので、現金ではなく切手でそのまま納付します。

切手の種類と枚数は、裁判所によって指定されており、通常トータルで１万数千円かかります。内訳は裁判所によって異なるので、事前に問い合わせておきましょう。裁判所内の売店では、よくそのままセットで切手を販売しています。

③　執行費用

強制競売にあたっては、不動産の評価などで費用がかかります。これらの執行費用については、事前に現金で納付をすることが求められます。費用は、請求債権の額面に応じて、金額が定められています。裁判所ごとに納付すべき金額が異なるので、事前に問い合わせておいてください。

④　登録免許税

強制競売の開始決定をすると、裁判所は、法務局（登記所）に対して差押登記を嘱託します。これによって、不動産に関して処分ができなくなるのです。登記を申請するときには、登録免許税を納付しますが、嘱託の場合でも登録免許税を納付します。そのため、申立人は、

■ 申立てにかかる費用

申立手数料

収入印紙を購入し、申立書に貼付する方法によって行う。印紙の額は、請求債権１個につき4,000円分が必要。対象不動産が複数であっても、１つの債務名義に基づく申立てであれば4,000円分で足りる。

予納切手

申立書の提出時に納める切手。強制競売手続中、関係者への通知に使用されるもので、現金ではなく切手で納付する。

執行費用

不動産の評価などの執行費用については、事前に現金で納付をすることが求められる。費用は請求債権の額面に応じて、金額が定められている。裁判所ごとに納付すべき金額が異なる。

登録免許税

強制競売の開始決定をすると、裁判所は、法務局に対して差押登記を嘱託する。これによって、不動産に関して処分ができなくなる。嘱託の場合でも登録免許税を納付する。印紙額は、請求債権の額面の1000分の４。請求債権の金額は1,000円未満は切り捨てて、計算後の金額は100円未満を切り捨てる。

印紙で登録免許税をあらかじめ納付しなければなりません。印紙額は、請求債権の額面の1000分の４です。請求債権の金額は、1,000円未満は切り捨てて計算後の金額は100円未満を切り捨てます。

申立てに必要な付属書類と嘱託に必要な書類

申立ては、申立書本文、当事者目録、請求債権目録、物件目録をとじて提出しますが、それ以外にも、いくつかの付属書類を提出します。

申立てに際して提出される付属書類とは別に、差押登記の嘱託に必要な書類も用意しておきます。

競売開始決定後、当該不動産の差押えをしますが、手続きとしては執行裁判所が管轄法務局（登記所）に対して差押登記の嘱託をします。

その嘱託において、対象となる当事者目録と物件目録の提出が必要になりますが、申立人がこれらの目録を用意して裁判所に対して提出します。それぞれの目録の必要枚数は、裁判所によって異なるので、事前に問い合わせておくのが無難です。

①　当事者目録

当事者目録には、登記権利者と登記義務者双方の氏名（名称）、住所（所在地）を記載します。

登記権利者とは登記をすることによって利益を受ける者のことで、ここでは申立人である債権者のことです。

また、登記義務者とは登記をすることによって不利益を受ける者のことで、ここでは不動産の所有者である債務者のことです。

不動産登記簿上の住所（所在地）と現在の住所（所在地）が異なる場合には、登記簿上の住所（所在地）を記載しておきます。会社などの法人が当事者の場合は、代表者の記載は不要です。

②　物件目録

物件目録には、申立書の物件目録と同内容の記載をします。

債権の届出と配当要求

債権の届出を行う

債権者が債務者所有の不動産に対して、すでに抵当権の設定を受けていたり、仮差押（166ページ）をしていた場合には、他の債権者の申立てにより競売開始決定がなされると、抵当権設定などを受けていた債権者に対して裁判所から、債権の届出をするように催告されることになっています。申立てをした債権者よりも、その不動産に対して優先的な担保権などをもっている者がいれば、その担保されている債権の額をそれぞれ明らかにします。その上で、不動産を競売し、売却代金から優先順位に従って配当をするのです。具体的には、裁判所から「債権届出の催告書」が送られてきます。

そして、同封されている「債権届出書」（73ページ）に必要事項を記載して、裁判所にそれを返送します。債権届出書には、保有している債権の発生年月日と発生原因、元金の現在額、登記の表示、さらに、利息の利率、損害金の有無、仮登記の種別などについて記載します。

債権届出書の提出期限は、配当要求の終期までであり、債権届出の催告書には、具体的な提出期限の日付が記載されています。その期限までに、必ず債権届出書を提出してください。届出をしなかったり、虚偽の債権の記入、債権額の偽りがあると、後で損害賠償を請求されることがあるので、注意してください。

配当要求をする

自分以外の債権者が債務者所有の不動産に対して強制競売の申立てをした場合、大きく分けて２つの方法により債権の回収を図ることができます。１つは、自分も独自に強制競売の申立てをして、二重に競売開始決定を得ることです。もう1つは、他の債権者の申立てにより開始決定がなされた競売手続に参加して、配当を受けるという方法です。

①　自分でさらに強制競売を申し立てる

この方法は競売手続きを行えばよいわけです。次に述べる配当要求に比べて費用や事務手続きが余分にかかるのが、デメリットといえるでしょう。メリットとしては、すでに進行している強制競売手続に停止・取下げがあったとしても、自己の申立てによって手続きが進行していくことが挙げられます。

②　配当要求という手段をとる

債権者が申し立てた強制競売はそのまま進行するのが通常です。そこで、他の債権者の申立てによりすでに開始決定されている競売手続に参加して配当を受ける「配当要求」という手段をとることが合理的だということになります。

配当要求をすることのできる者は、限定されています。つまり、執行力ある債務名義の正本を有する債権者、差押登記後に登記された仮差押債権者、文書により一般の先取特権（法律の定めによって発生する特殊な担保権）を有することを証明した債権者です。債権者がこれらのいずれかに該当するのであれば、配当要求により手続きに参加することができます。配当要求は、競売事件が係属している裁判所の担当部に対して、配当要求の終期までに行います。期間を守らないと、配当に剰余金があっても配当を受けられないことがあるので注意してください。配当要求の終期がいつかは、裁判所の掲示板に公示されます。配当要求の申立てに必要なものは、以下のとおりです。

・配当要求書（正本　74ページ）
・配当要求書（副本：差押債権者および債務者数分必要）
・債務名義の正本
・申立手数料（印紙500円分）
・送達費用（予納郵券〈郵便切手のこと〉）

書式4　債権届出書

令和　○　年　（　　　）　第　　　　　号

債　権　届　出　書

令和　○　年　11　月　7　日

東京地方裁判所民事第２１部（　　　　　　競売係）御中

〒142-0064　住所　東京都品川区旗の台７丁目１番

氏名又は名称　品川　株式会社

代表者（代理人）　戸田　五郎　　　　　　　　　　　　　㊞

電話　　　　03（　1111　）1111
FAX　　　　03（　1111　）1112

下記のとおり債権の届出をします。

番号	債権発生の年月日及びその原因	元　金　現　在　額	登記の表示（仮差押えの場合は，併せて事件の表示）
	合　　計		
例１）	28.　4.　8付消費貸借	5,000,000円	28.　4.　9受付第478 号根抵当権
例２）	28.　3.　22付売買契約	600,000円	28.　4.　9受付第476 号仮差押（東京地裁平成25年(ヨ)第９号）

元金番号	期　　　日	日　　数	利率（特約等）	利息・損害金の別	利息・損害金の現在額
例１）	28.　7.　28～11.　15	111	年７％	利　息	106,438円
例２）	28.　12.　8～完　済		年10％	損害金	

所有権移転に関する仮登記	□担保仮登記である　□担保仮登記でない

書式５　配当要求書

配　当　要　求　書

収入印紙 500円 ※割印しないこと

東京地方裁判所民事第２１部御中

令和○年12月５日

東京都品川区小川台３丁目５番１号

配当要求債権者　　　大井　信二　㊞

上記当事者間の御庁令和○年（ケ）第○○○○号不動産競売事件について，次のとおり配当要求する。

1　配当要求をする債権の原因及び額

別添判決正本記載のとおり

2　配当要求の資格

配当要求債権者は、所有者に対し、執行力ある債務名義正本を有している。

添付書類

1　執行力のある判決正本　　　　１通

2　同送達証明書　　　　　　　　１通

10 入札の仕方

入札・競り売り・特別売却

債権者の申立てに基づいて競売開始決定を行うと、裁判所は、対象となる不動産の現況調査、評価をします。そして、下された評価に従い、不動産の売却基準価額をはじめとする売却条件を決定します。この条件によって、不動産の競売が行われるのです。

強制競売について規定した民事執行法では、後述する複数の売却方法が認められていて、裁判所はその中から売却方法を選択します。

① 入札

購入希望者が希望する価格を入札し、その中の最高価格をつけた者に不動産を売却するという方法です。

入札には、さらに、期間入札と期日入札があります。期間入札は、定められた一定期間の間に、入札を受け付ける方法です。裁判所へ出頭しなくても、郵送により入札することができます。期日入札は、指定された日に裁判所に出頭し、入札をして、最高価買受申出人（最も高値をつけた者）をその場で決定する方法です。実際のところ、ほとんどの裁判所で期間入札が採用されています。

② 競り売り

買受けを希望する者が集まって、次々と買受希望価格を提示して、最高価格をつけた者に不動産を売却するという方法です。

③ 特別売却

入札や競り売りの方法で買受人が現れなかった場合に、対象不動産の賃借人や隣人といった関係者に、執行官が個別に交渉して売却を決定する方法です。

買受可能価額とは

競売不動産を買い受ける場合、どのような金額でも申し出ればよいわけではありません。買受可能価額は売却基準価額の８割以上の金額とされていますので、申出の際はこれ以上の金額を提示しなければなりません。

保証金を用意する

裁判所で対象となる不動産の評価が定まり、売却基準価額が決まると、申立人、その他の利害関係人に対して入札の通知書が送られます。また、公告されるので、一般の買受希望者も期間入札について知ることができます。

ただ、競売される不動産の買受けを申し出る場合には、提出すべき書類の他に保証金を提供することが必要です。保証金の額ですが、売却基準価額の10分の２が原則とされ、場合によってはそれを上回ることもあります。保証金額は、入札公告に記載されます。

保証金の提供方法

保証金の金額がわかったら、裁判所に対してそれを提供します。提供方法は、入札方法に応じて異なっています。

振込証明書を用意する

保証金の振込みが完了後、金融機関の発行する証明書（振込金受取書）を「入札保証金振込証明書」に貼付します。入札保証金振込証明書は裁判所に備え置かれているので、事前に用意しておいてください。この書式は、入札書とともに裁判所に提出することになります。

保証金を振り込み、その証明書の用意ができたら、いよいよ入札書を作成します。入札書の書式は、裁判所で交付してもらえます。

入札書には、日付・事件番号・物件番号・入札人の住所および氏名

(代理人によるときはその住所および氏名も)・入札価額・保証の額・保証の提供方法など、必要事項を記入した上、押印します。入札書は封印して提出するものなので、間違いのないようにくれぐれも注意して記入しましょう。

入札書用封筒に封入する

期日入札の場合とは異なり期間入札の場合では、開札がされるまでの間に入札書の改ざんなどができないように、入札書を提出する段階で入札書用封筒に封入することになっています。

入札書用封筒は、入札書とともに裁判所で交付してもらえます。入札書用封筒には、裁判所・事件番号・物件番号・開札期日などを記入します。記入後に、入札書を入れて封緘します。これで提出すると、開札されるまでだれも改ざんなどができなくなるのです。

なお、入札書用封筒には、入札書しか入れることができないので注意してください。

■ 入札の種類

期間入札	定められた一定期間の間に、入札を受け付ける方法。裁判所へ出頭しなくても、郵送により入札することができる。
期日入札	指定された日に裁判所に出頭し、入札をして、最高価買受申出人(最も高値をつけた者)をその場で決定する方法。

■ 入札の提出方法

郵送による場合	封をした入札書入封筒と振込証明書などの添付書類をともに外封筒に封入する。そして、郵便局から書留郵便によって裁判所執行官宛てに発送する
持参による場合	入札書を、直接、裁判所執行官室に持参して提出する

入札書を提出する

入札書を作成し、入札書用封筒への封入も完了した後に、裁判所に提出します。提出にあたっては、入札書用封筒だけでなく、前述した振込証明書、そして、住民票、資格証明書といった必要な証明書を添付します。これらの証明書を入札書用封筒に同封しないように、くれぐれも留意しましょう。

売却許可決定をする

開札の期日が到来すると、そこで初めて執行官が入札書用封筒を開封します。そして、入札人それぞれの入札価額を比較し、最高価買受人を決定します。最高価買受人が決定されると、執行官は期間入札調書を作成し、執行裁判所に提出します。手続上特に問題がなければ、執行裁判所は売却許可を決定します。なお、開札の期日には、必ずしも入札人は出席すべき義務はありません。ただし、次順位買受けの申出（落札者が買受代金を納付しないときに不動産を買い受ける申出のこと）ができなくなるので注意してください。

差引納付の申出をする

強制競売を申し立てた債権者が入札し、落札をした場合には、形式的には、申立人が売却代金を支払い、その売却代金から配当を受けることになります。しかし、簡易・迅速な決済のために、代金納付の段階で、受けるべき配当額を差し引いた金額を納付することが認められています。これを差引納付の申出といい、売却決定期日の終了までに申し出ることになっています。

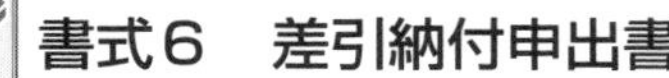

書式6　差引納付申出書

差　引　納　付　申　出　書

東京地方裁判所民事第２１部　御中

平成 ○ 年　3 月 19 日

買受申出人　住　所 東京都○○○○○○
　　　　　　氏　名 甲山　春夫　　　　　㊞

債権者 甲山　春夫

債務者 乙野　次郎

所有者 乙野　次郎

上記当事者間の御庁平成 ○ 年（ ケ ）第 ○○○号担保不動産（強制）競売事件について，下記のとおり買受代金と配当を受けるべき金額との差引納付の申出をする。

記

不動産の表示	別紙物件目録記載のとおり
買受申出の額	金 18,000,001 円
代金納付の方法	買受人が売却代金から弁済を受けるべき額と差し引く方法により代金納付に代える。

（注）売却許可決定確定までに提出すること（民事執行法７８条４項）。
※　物件目録を別紙として添付してください。

入札書類の作成

入札書類一式を作成する

入札に必要な書類は、①入札書、②入札保証金振込証明書、③資格証明書（または商業登記事項証明書）または住民票など、④所定の封筒、の４点です。以下、順に説明します。

・入札書（単独入札用、書式７）

右上の日付は、開札期日の日付でも認めている裁判所がありますが、なるべく書類の提出日を記入するようにします。

「事件番号」と「物件番号」は、公告どおりに記入します。なお、事件番号のケは担保権の実行による競売で、ヌは強制執行による競売（強制競売）を意味します。ただし、いずれの場合も、買受人は、ただ公告通りに記入するだけの話です。物件番号とは、文字通り、各物件につけられている番号のことです。

土地と建物は、それぞれ別個のものとして扱われるので、たとえば、土地つき建物は「１、２」などと記載されることになります。その下の「入札人」ですが、法人で申し込む場合は、法人の商号等を記入します。印鑑は、代表者印を押印します。ここで使用した印鑑は、落札後の手続きでも同じものを使うことになります。代理人が入札を行うときは、代理人の氏名、押印が必要になります。この場合は、委任状も入札書類として提出しなければならないことに注意しましょう。

なお、入札書類の提出を代わりの者が行っても、その者が代理人になるわけではありません。この場合の代理人というのは、あくまでも書面の内容に関与している者を指すからです。

その下の「入札価額」は、間違いのないように記入してください。入札は１円単位で可能ですが、いったん書類を提出すると、後で変更や修正ができなくなるので注意が必要です。この点については、入札価額を3500万円と記入すべきところを３億5000万円と誤って記入した場合に、買受申出人が入札の無効を主張できるかどうか争われた裁判がありました。裁判所の判断は、誤記した買受申出人が悪いとして無効主張を認めませんでした。これは、最高裁判所の判断ですので、肝に銘じておきたいところです。

「保証の提供方法」は、該当する欄にチェックを入れます。「保証の額」については、入札申出価額の20％ではなく、売却基準価額の20％の金額を記入します。

・入札保証金振込証明書（書式８）

表面の記入で注意したいのは、落札できなかった場合の返還方法を記入する際に、口座番号を間違えないように記入するということです。返還は、開札期日後２～５日以内になされるのが一般的です。所定箇所には、保証金を振り込んだ際の振込の控えを貼り付けます。

・資格証明書（または商業登記事項証明書）または住民票

入札人、つまり買受申出人が法人の場合は、資格証明書または商業登記事項証明書の提出が必要です。個人の場合は、住民票になります。いずれについても３か月以内に発行されたものでなければなりません。

その他の書類など

二者以上の共同で入札する場合には、共同入札用の入札書があるのでそれを使用します。さらに、共同買受許可申立書を併せて提出する必要があります。ただ、この許可書だけは入札の前に提出してあらかじめ許可をもらうことができます。

なお、共同入札できるのは、夫婦、親子、兄弟姉妹などの一定の身分関係のある者同士や、その競売物件に関わっている利害関係人（賃借人など）に限られます。

また、農地または採草放牧地の場合には、買受適格証明書を併せて提出しなければなりません。

・入札書（共同入札用）作成上の注意点（書式７）

共同入札用の入札書には、入札人となる者の全員分の名称を記載します。代理人がいる場合にはその代理人の名称についても記載する必要があります。

また、当然のことながら入札金額を記載しなければなりません。加えて、保証の提供方法について、振込証明書か支払保証委託契約締結証明書のどちらを使うかを選択します。

・共同入札買受許可申立書作成上の注意点（書式10）

まず、事件番号や開札期日を記載します。次に、申立人の氏名・電話番号・住所を記載します。その横に、それぞれの申立人が有している持分の割合を明記します。共同入札買受申立書には、それぞれの申立人の住民票を添付する必要があります。３人以上で入札を行う場合には、共同入札買受許可申立書を複数使用し、それぞれに割印をしなければなりません。

受取書をもらう

表面に開札期日、事件年月日、物件番号などを記載した後に、入札書だけを封筒に入れてのりづけをして、他の書類とともに執行官室に提出します。それと引きかえに、「受取書」を執行官から受け取ることができます。なお、郵送で提出する場合は、入札保証金振込証明書を折り曲げずに、その他の書類一式とともに、大きめの封筒に入れて「書留郵便」で送ります。ただし、一部の裁判所では所定の郵送用封筒を備え置いているところもあるので、郵送の際には、提出先の裁判所に問い合わせてみましょう。

書式7　入札書（単独入札用）

入　札　書（単独入札用）

令和 ○ 年 3 月 5 日

東京地方裁判所立川支部執行官 殿

事件番号	令和 ○ 年（ケ）第 ○○○号	物件番号	1.2

<table>
<tr><td rowspan="2">入札人</td><td>本人</td><td>住所又は所在地
（フリガナ）
氏名又は名称
代表者の資格及び氏名（法人の場合のみ記載）</td><td>（〒 ○○ －○○○○）東京都○○○○○○
コウヤマ ハルオ
甲山 春夫 ㊞
電話 ○○○（○○○）○○○○</td></tr>
<tr><td>代理人</td><td>住所
氏名</td><td>㊞
電話（　）</td></tr>
</table>

入札価額	十億	億	千万	百万	十万	万	千	百	十	円
			1	8	0	0	0	0	0	1

<table>
<tr><td rowspan="3">保証の提供方法</td><td rowspan="3">☑ 振込証明書
☐ 支払保証委託契約締結証明書</td><td colspan="10">保証の額</td></tr>
<tr><td>十億</td><td>億</td><td>千万</td><td>百万</td><td>十万</td><td>万</td><td>千</td><td>百</td><td>十</td><td>円</td></tr>
<tr><td></td><td></td><td></td><td>3</td><td>0</td><td>0</td><td>0</td><td>0</td><td>0</td><td>0</td></tr>
</table>

注　意

1　この用紙は，単独で入札する場合のものです。二人以上の方が共同で入札する場合には，共同入札用の用紙を用いてください。
2　入札書は，一括売却される場合を除き，物件ごとに別の用紙を用いてください。
3　物件番号欄には，公告の物件目録に記載された番号を記載してください。一括売却されるものについては，その物件全部の番号を記載してください。
4　**住所・所在地及び氏名・法人名欄には，住民票又は資格証明書のとおりに記載してください。**
5　代理人が，入札人本人に代わって，入札するときには，入札人の住所，氏名を記載するほか，代理人の住所，氏名を記載して押印し，委任状を添付してください。
6　入札価額及び保証の額は，算用数字ではっきりと記載してください。入札価額を書き損じたときは，新たな用紙を請求して書き直してください（やむをえず訂正したときは，必ず訂正箇所に訂正印を押してください。訂正印のない入札書や訂正箇所を更に訂正した入札書は無効となります。）。
7　一度提出した入札書の変更又は取消しはできません。
8　**資格証明書，住民票，委任状は，入札書とともに必ず提出してください。**
9　振込証明書によって保証を提供する場合の金融機関への振込依頼は，必ず「至急」扱いとしてください。期間内に指定口座へ入金がない場合は，開札に加えられません。

書式８　入札保証金振込証明書（表面）

（期間入札振込専用）　　　　　　　　　　　　　　　　　　　　東京地方裁判所立川支部

法人の場合は資格証明書、自然人の場合は住民票謄・抄本を添付してください。

入札保証金振込証明書			管理番号	
入札保証金提出者（買受申出人）	本人の住所	◯◯◯－◯◯◯◯	事件番号	令和　◯　年（ケ）第　◯◯◯　号
	フリガナ	コウヤマハルオ		
	氏名（会社等法人の名称，代表者の氏名）	甲山春夫　　印	物件番号	1.2
			開札期日	令和 ◯ 年　3 月 15 日
	連絡先電話番号	◯◯◯－◯◯◯◯－◯◯◯◯（　　）		

保証金の返還請求	返還事由が生じたとき，この保証金は振込みにより払い渡してください。	本人の氏名（会社等法人の名称，代表者の氏名）	甲山春夫　㊞
	振込先金融機関名	口座名義人の住所	◯◯◯－◯◯◯◯
	◯◯銀行・金庫・組合　◯◯支店・営業部	フリガナ	コウヤマハルオ
		口座名義人の氏名	甲山春夫
	預金種別：普通・当座・通知・別段（普通に○）		
	口座番号：1234567	連絡先電話番号	◯◯◯－◯◯◯◯－◯◯◯◯（　　）

受理	年　月　日	執行官印	開札の結果		備考	
振込確認年月日			出納官吏印		種目	買受申出保証金
受入年月日						

太枠内は，買い受け申し出人が記入してください。
記入に際しては，裏面の注意事項をよくお読みください。

割印

金融機関の証明書（保管金受入手続添付書）の貼り付け箇所

入札保証金を執行裁判所の預金口座に振り込んだ旨の証明として，振込を依頼した金融機関から交付を受けた「保管金受入手続添付書」（原本）を，このわく内に左上をそろえて貼り付けて差し出してください。貼り付けるときは，周囲をのり付けして，確実に貼り付けた上，割印を押してください。
なお，振込みについては，裏面の注意事項をよく読んで，間違いのないようにしてください。

割印

書式9　入札書（共同入札用）

入　札　書（共同入札用）

令和 ○ 年　5月　10日

東京地方裁判所立川支部執行官　殿

事件番号	令和 ○ 年（ケ）第　○○○ 号	物件番号	1

入札人			
入札人	本人	住所又は所在地	東京都○○○○○○
		（フリガナ） 氏名又は名称 代表者の資格及び氏名（法人の場合のみ記載）	オツヤマ ナツオ 乙山 夏夫　㊞ 電話○○○（○○○）○○○○
		住所又は所在地	東京都○○○○○○
		（フリガナ） 氏名又は名称 代表者の資格及び氏名（法人の場合のみ記載）	オツヤマ アキコ 乙山 秋子　㊞ 電話○○○（○○○）○○○○
		住所又は所在地	東京都○○○○○○
		（フリガナ） 氏名又は名称 代表者の資格及び氏名（法人の場合のみ記載）	オツヤマ フユオ 乙山 冬男　㊞ 電話○○○（○○○）○○○○
	代理人	住　所 氏　名	㊞ 電話　（　）

	十億	億	千万	百万	十万	万	千	百	十	円
入札価額			2	2	0	0	0	0	0	1

保証の提供方法	☑ 振込証明書 ☐ 支払保証委託契約締結証明書

保証の額	十億	億	千万	百万	十万	万	千	百	十	円
				4	0	0	0	0	0	0

※必ず裏面の注意書きを参照して，誤りのないように記載してください。

書式10　共同入札買受許可申立書

共同入札買受許可申立書

東京地方裁判所立川支部執行官　殿

令和 ○ 年 5 月 10 日

事件番号			令和 ○ 年（ケ）第 ○○○ 号	
物件番号			1	
開札期日			平成 28 年 5 月 20 日	
申立人・持分の割合	1	住所	東京都○○○○○○	持分（分数で表示）
		電話	○○○－○○○－○○○○	$\frac{1}{3}$
		氏名	乙山 夏夫　㊞	
	2	住所	東京都○○○○○○	持分（分数で表示）
		電話	○○○－○○○－○○○○	$\frac{1}{3}$
		氏名	乙山 秋子　㊞	
	3	住所	東京都○○○○○○	持分（分数で表示）
		電話	○○○－○○○－○○○○	$\frac{1}{3}$
		氏名	乙山 冬男　㊞	
共同入札の事由	申立人の続柄		本人、配偶者、子	
	入札物件との関係			
	買受後の利用予定			
添付書類	住民票 3 通・戸籍謄抄本 3 通 資格証明書　通・その他　通			
執行官の処分	□ 許可する □ 許可しない		平成　年　月　日 東京地方裁判所立川支部 執行官　㊞	

＊ 3人以上で入札する場合には「入札書・共同入札許可申立書」を複数お使いの上、それぞれに割印を押してください。

資料　振込依頼書／封筒サンプル

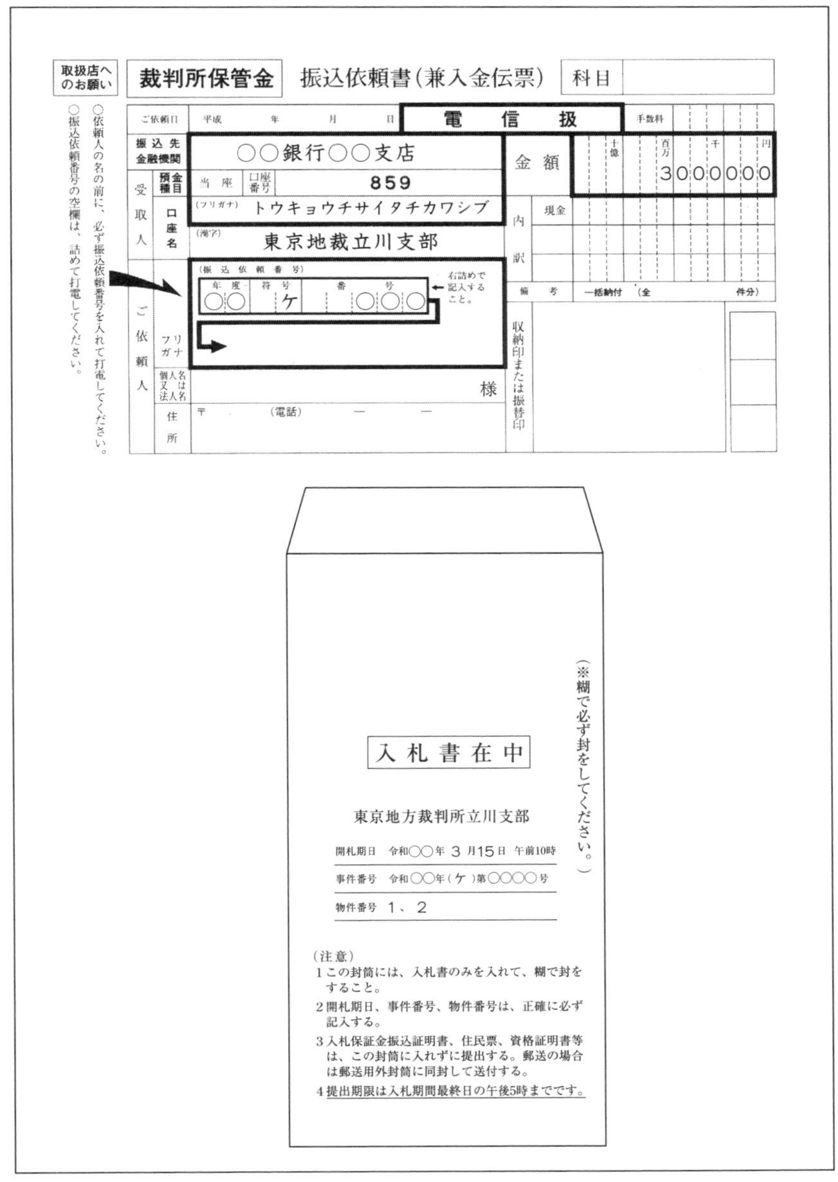

12 代金の納付

添付書類、登録免許税、郵便切手を納付する

競売が終了し、売却許可決定がなされると、買受人となった者に対して、代金納付期限通知書が送付されてきます。買受人は、代金期限通知書に記載されている期限までに、すでに支払っている保証金を控除した代金および必要な添付書類、登録免許税、郵便切手を裁判所の会計部に納付します。

登録免許税や郵便切手は必要経費ですが、買受人の利益に使用されるものなので、買受人が負担することになっています。

① 添付書類

代金納付に際して、買い受ける不動産の登記事項証明書、住民票(買受人が法人の場合は商業登記事項証明書)、固定資産評価証明書を添付します。

② 登録免許税

買い受けられた不動産の所有者名義を買受人に移すために、登録免許税が必要になります。この場合の登録免許税は、原則として固定資産評価額の1000分の20とされています。

ただ、競売の時点で対象とされている不動産登記に、仮登記や抵当権登記などが負担されている場合には、それらの抹消登記もしなければなりません。そのため、一筆につき1000円程度の登録免許税がさらに要求されます。

トータルでいくらの登録免許税が必要になるのかについて、裁判所に事前に問い合わせておきましょう。

③ 郵便切手

裁判所から法務局（登記所）に対して登記を嘱託したり、買受人に

対して登記後に権利証を送付するときに、郵送料が必要になります。その分の郵便切手を、代金とともに納付します。どれだけ用意すべきかは、裁判所に尋ねておいてください。

ローンを組む場合には

以前は、競売物件を手に入れるには、一括して代金を支払えるだけの資力が必要でした。つまり、通常ローンを組んで不動産を購入する場合、所有権登記を移転すると同時に金融機関に設定した担保権も登記しなければ、原則として金融機関は融資をしてくれません。これまでの競売では、買受けと同時に担保権の設定ができず、買受人に所有権移転登記がなされた後でしか設定登記ができませんでした。このことが、ローンを組むことによる買受けを妨げる要因となっていたのです。

しかし、より多くの人が競売に参加することができるように、競売円滑化法が制定され、それに伴い民事執行法が改正されて（民事執行法82条２項）、ローンを組んで買受けをすることがしやすくなりました。つまり、買受人に所有権移転登記をすると同時に、担保権の設定登記もできるようになったのです。

手続きとしては、買受人と融資をする金融機関が共同して指定した弁護士か司法書士が、裁判所から所有権移転の嘱託書の交付を受けて、買受人への所有権移転登記を申請するとともに、抵当権などの担保権設定のための登記申請もすることになります。

この手続きを利用する場合、買受人と金融機関は弁護士か司法書士を指定した上で、連名で裁判所に対して申し出ることになります。申出は「民事執行法82条２項の規定による申出書」（次ページ）と「指定書」（91ページ）を作成、提出して行います。このとき、資格証明書や担保権設定契約書のコピーを添付します。

書式11　民事執行法８２条２項の規定による申出書……

民事執行法８２条２項の規定による申出書

東京地方裁判所民事第２１部裁判所書記官　殿

令和○年４月10日

東京都品川区平塚４丁目１番３号

申出人（買受人）　**広田　豊**　㊞

東京都渋谷区上原４丁目５番１号

申　出　人　株式会社神山銀行

代表者代表取締役　**西原　明夫**　㊞

貴庁令和○年（ケ）第○○○○号不動産競売事件について，申出人（買受人）広田　豊と申出人株式会社神山銀行との間で，別紙物件目録記載の不動産に関する抵当権設定契約を締結しました。

つきましては，民事執行法８２条１項の規定による登記の嘱託を，同条２項の規定に基づき，申出人の指定する下記の者に嘱託書を交付して登記所に提出させる方法によってされたく申し出ます。

記

申出人の指定する者の表示及び職業

東京都渋谷区上原５丁目３番２号山田司法書士事務所

司法書士　**山田 智子**

（電話０３－××××－××××）

添付書類

1　資格証明書　１通

2　抵当権設定契約書写し　１通

以　上

書式12　指定書

指　　定　　書

東京地方裁判所民事第２１部裁判所書記官　殿

令和○年５月10日

東京都品川区平塚４丁目１番３号

申出人（買受人）　　広田　　豊 ㊞

東京都渋谷区上原４丁目５番１号

申　　出　　人　　株式会社神山銀行

代表者代表取締役　　西原　明夫 ㊞

申出人は，貴庁令和○年（ケ）第○○○○号不動産競売事件の別紙物件目録記載の不動産について，民事執行法８２条２項の規定に基づき，嘱託書の交付を受ける者として下記の者を指定します。

記

申出人の指定する者の表示及び職業

東京都渋谷区上原５丁目３番２号山田司法書士事務所

司法書士　　　山田 智子

（電話０３－××××－××××）

以　　上

13 配当金の受領

配当期日呼出状が送られてくる

売却許可決定が下されて、買受人が代金を納付すると、いよいよ債権者が待望していた配当になります。

買受人による代金の納付後、その代金を元として債権者への配当を実施する日つまり配当期日が決定され、裁判所から債権者へ呼出状が送られてきます。このとき、配当を受ける際に必要な「債権計算書」(94ページ)も提出するように催告されます。

なお、ここでは大雑把な使い方をしていますが、厳密には、負債総額を完済できるかどうかで用語は異なっています。売却代金で負債総額を完済できる場合には、弁済金の交付と呼んでいます。

一方、売却代金が負債総額に充たず、優先順位なり按分比例（債権額に比例して配分すること）なりによって分配される場合には、配当と呼んでいます。もっとも、ほとんどのケースでは、完済することができないのが実情です。

債権計算書の提出をする

配当とは、最終的に確定された債権額に応じて、売却代金から支払いがなされる手続きです。当然のことですが、その前提として債権額が明確にされる必要があります。貸金の元金や売買代金などは、もともと金額がはっきりしているので問題はありません。

しかし、時間の経過とともに増加する利息や損害金は、強制競売の過程では、まだはっきりとしていません。また、執行のための費用もかかっているはずです。そこで、配当を実施する際には、債権者は、配当期日を基準とした債権額を計算した書面を提出することになっているのです。

債権計算書には、事件番号、日付、債権者の住所・氏名・押印・電話番号、債権額合計、債権の発生年月日・原因、元金現在額、利息の利率・現在額、損害金の現在額、執行費用などを記載します。計算間違いのないように注意し、検算した上で記入するようにしましょう。

なお、債権計算書は、配当期日が通知されてから１週間以内に提出することになっています。

配当期日には、各債権者が出席した上で、それぞれに対する配当に問題がないかを確認します。つまり、裁判所書記官が、債権者各自にいくらの配当がなされるのかを記載した一覧表である配当表を閲覧できるようにします。配当について各債権者が異議を述べなければ、配当表どおりに弁済金が交付されることになります。

交付を受ける際には、請求書や領収書に必要事項を記載し、署名押印して、裁判所書記官に提出します。請求書と領収書は裁判所で用意されています。

以上の手続きが済んだ後に、裁判所の会計部で支払いが受けられます。小切手などで支払いがなされます。

配当表に異議がある場合

配当表に異議がある旨が述べられたら、その部分については配当が留保されます。そして、異議申立者は、配当期日から１週間以内に配当異議訴訟を提起することができます。訴訟の場で決着をつけるわけです。１週間以内に訴訟が提起されなければ、異議は取り下げられたものとみなされます。

書式13　債権計算書

配当期日　　午前　　事件番号　令和○年（リ）第　　号外 件

担当書記官　　債務者　宇田　政明

債権計算書

東京地方裁判所民事第21部　御中　　令和○年 11月 7日

住所　渋谷区桜丘町２丁目１番１号

氏名　笹山　照夫　㊞

電話　03-XXXX - XXXX

債権額の計算は下記のとおりです。

債権額合計　金　2,200,000　円

元金番号	債権発生年月日及びその原因	元金現在額	債務名義・仮差押命令または担保権の表示
(例)	H30.3.1付売買契約	2,000,000	東京地裁R１ワ99999和解調書
合　計		2,000,000円	

元金番号	期間	日数	利率	利息・損害金の別	利息・損害金現在額
(例)	H30.3.1～H31.3.1	365	年10%	損害金	200,000
合　計	利　息　□年365日の特約あり				円
	損害金　□年365日の特約あり				200,000円

執行費用合計　金　　円

備　考　□前回の配当または差押命令発令以後入金なし

担保権実行の申立書の作成

強制競売の申立書と構成は似ている

担保権の実行としての不動産競売も、債権者による裁判所への申立書とその添付書類の提出から手続きが始まります。

担保権の実行としての不動産競売は、担保権のない場合の強制競売と手続きの基本は異なりません。このことを反映して、担保権実行の申立書の構成も、強制競売の申立書と構成は似ています。強制競売の申立書の構成と記載内容については前述しましたので、担保権実行の申立書については、強制競売との相違点を述べておくことにします。

担保権実行の申立書は、①申立書本文、②当事者目録、③担保権・被担保債権・請求債権目録、④物件目録から構成されています。

強制競売の場合には、不動産の所有者イコール債務者でしたが、担保権実行の場合は、債務者と不動産所有者が一致しないことがあります。債務者の債務を担保するために、第三者がその所有する不動産に抵当権などを設定するケースです。このような第三者を物上保証人といいます。通常の保証人・連帯保証人も兼ねている場合を別にすれば、債権者と物上保証人の間には、債権債務の関係はありません。強制競売の申立書と異なって、物上保証人に対して強制競売をするケースがあるので、当事者の表示では、債務者とは別に所有者が表示されることがあります。

また、強制競売では執行力の根拠が債務名義なのですが、担保権実行では、担保権および被担保債権の存在が根拠となっているので、その存在を証明する確定判決等の謄本や公正証書の謄本、担保権の登記に関する登記事項証明書等を添付した上で、③担保権・被担保債権・請求債権目録にその詳細を記載する必要があります。

担保権の実行としての不動産競売についても、最高裁判所が申立書のモデル記録を公表していますから、そちらを参考にしてみてください。

申立書本文の記載上の注意点

申立書本文（100ページ）の内容は、強制競売の申立書本文の内容と類似しています。名宛人として管轄の裁判所の名称を記載し、日付、申立人を記入します。管轄の裁判所は、強制競売と同様、不動産の所在地を管轄する地方裁判所となります。

担保権実行の場合も代理人による申立ては可能で、その場合には申立債権者代理人として記載し、代理人許可申立書と委任状、従業員証明書等を添付します。

当事者、担保権・被担保債権・請求債権、物件（目的不動産）については、申立書本文に記載せずに「別紙目録のとおり」とします。

そして、申立ての趣旨として、債務者が債務を弁済しないため担保権に基づいて競売を求める旨を明記します。また、各種の添付書類とその通数を列挙することになります。

なお、当該不動産について、別の申立てに基づいてすでに競売開始決定がなされている場合には、その旨も記載することになっていますから注意が必要です。

当事者目録の記載上の注意点

当事者目録（102ページ）には、対象となる不動産の所有者も記載します。債務者と所有者が常に一致している強制競売の場合と、最も異なっている点です。

ただ、債務者所有の不動産を競売にかける場合には、「債務者兼所有者」として、住所（所在地）・氏名（名称）を表示します。

担保権・被担保債権・請求債権目録の記載上の注意点

担保権・被担保債権・請求債権目録（102ページ）については、特徴的なのでよく注意して記載しましょう。

①　担保権の記載

担保権のおもなものは抵当権と根抵当権なので、これらについて説明します。

抵当権については、登記簿を参照し、設定日と登記されている法務局（登記所）の名称を記載します。出張所で登記されている場合には、出張所名も正確に記載しましょう。また、登記にはそれぞれ受付番号があるので、その番号と受付日付によって登記の特定をします。具体的には「⑴平成○○年○○月○○日設定の抵当権　⑵登記東京法務局○○出張所 平成○○年○○月○○日受付第○○○号」と記載します。なお、仮登記を経由して本登記がなされている場合は、仮登記についても表示しておきましょう。

根抵当権については、抵当権の場合の表示に加えて、極度額および担保する債権の範囲も記載します。これらについても登記内容となっているので、登記簿に忠実に記載しましょう。

また、極度額は変更されることがあるので、その場合も登記簿にそって変更された旨を記載しましょう。

②　被担保債権と請求債権の記載

まず、被担保債権と請求債権は、多くの場合同一なので、「被担保債権および請求債権」としてまとめて表示します。両者が別個になるのは、被担保債権の一部についてのみ担保権の実行を申し立てるケースです。その場合には、被担保債権と請求債権を別個に表示し、一部請求である旨とその範囲を明示します。

次に、請求債権は、元金、利息、損害金の別に従って表示します。

・元金について

元金については、その発生根拠となる契約を日付、目的金額、契約名などによって特定表示します。もし、その一部がすでに弁済されているのであれば、元金（当初の貸金・代金額など）と残金を記載します。たとえば、以下のようになります。

「元金　金○○○万円　ただし、平成□□年□月□日付金銭消費貸借契約に基づく貸付金△△△万円の残元金」

なお、企業間では、類似した製品・商品を継続して売買し、そこから発生する複数の債権を集合的に担保するために抵当権・根抵当権が設定されることがよくあります。そのような継続的取引により発生した債権については、取引主体、契約締結の日付、担保の対象となる取引期間、目的物の種類、合計元金、残金を記載して、元金の表示をすることになります。

手形や小切手による取引の場合には、手形要件・小切手要件などによって、請求債権を特定します。

ただ、単純な手形貸付のケースでは、以下のような記載になります。

「元金　金○○○万円　ただし、平成□□年□月□日手形貸付の方法により貸し付けた貸金元金」

根抵当権の場合には、複数の債権を極度額を限度として担保するしくみになっています。そのため、「被担保債権および請求債権」の冒頭で、「下記金員のうち極度額○○○万円に満つるまで」と表記してから、元金の特定表示に入ります。

・利息について

利息については、利息発生期間と利率を表示します。

「利息　金○○万円　ただし、上記元金に対する平成○○年○月○日から平成□□年□月□日までの年△％の割合による利息金」

・損害金について

損害金は、弁済期後に発生する点で利息と区別されます。通常は、あらかじめなされている約定に従って、遅滞している債務が完済されまで発生します。記載は、以下のようになります。

「損害金　ただし、上記元金に対する、平成○○年○月○日から支払済みまでの約定の年□%の割合による遅延損害金」

・期限の利益の喪失について

期限の利益（支払日までは、支払を猶予されること）は、金銭債権を分割払いなどにする場合の債務者の利益です。つまり債務者は、一度に全額の支払いを請求されないという利益を受けます。そして、この分割払いを怠るなどして、残金全額の支払期限が直ちに到来した場合、これを期限の利益の喪失といいます。期限の利益の喪失を理由として担保権の実行を申し立てる場合は、請求債権のところにその旨を記載します。

記載方法としては、なお書きとして、次のように明記します。

「なお、債務者は、平成○○年○月○日に支払うべき分割金の支払を怠ったため、分割弁済の期限の利益を喪失したものである」

物件目録の記載上の注意点

強制競売のところで述べたように、物件目録（101ページ）は登記簿（表題部）の記載と同一の記載をすることで表示します。

■ 担保権・被担保債権・請求権目録のおもな記載事項 …………

担保権の記載	登記事項証明書を参照	
被担保債権と請求債権の記載	元金	契約日付、目的金額など
	利息	元金、利息発生期間、利率
	損害金	約定にしたがった損害金の割合
	期限の利益の喪失	なお書きとして明記

書式14　担保不動産競売申立書

担保不動産競売申立書

東京地方裁判所民事第２１部　御中

令和 ○年 12月 7日

債　権　者　　新宿銀行株式会社
代表者代表取締役　本山春夫　㊞
電　話　03－XXXX－XXXX
ＦＡＸ　03－XXXX－XXXX

当　事　者
担　保　権
被担保債権　　別紙目録のとおり
請求債権
目的不動産

債権者は債務者兼所有者に対し別紙請求債権目録記載の債権を有するが債務者がその弁済をしないので、別紙担保権目録記載の抵当権に基づき、別紙物件目録記載の不動産の担保不動産競売を求める。

添付書類

1	不動産登記事項証明書	２通
2	公課証明書	２通
3	資格証明書	１通
4	住民票	１通
5	売却に関する意見書	１通
6	不動産登記法１４条の地図の写し	１通
7	現地案内図	１通

※申立書と各目録との間に契印し、各ページの上部欄外に捨印を押す。

物　件　目　録

1	所　　　在	東京都新宿区片町２丁目
	地　　　番	１番４
	地　　　目	宅地
	地　　　積	104．27平方メートル
2	所　　　在	東京都新宿区片町２丁目１番地４
	家 屋 番 号	１番４
	種　　　類	居宅
	構　　　造	木造瓦葺平家建
	床　面　積	60．44平方メートル

書式15　当事者目録

当　事　者　目　録

〒162－0843　　　　新宿区市谷田町４丁目５番１号
申　立　債　権　者　　新宿銀行株式会社
代表者代表取締役　　本山春夫

〒160－0001　　　　新宿区片町２丁目１番４号
債務者兼所有者　　緑川昭男

書式16　担保権・被担保債権・請求債権目録

担保権・被担保債権・請求債権目録

1　担保権
(1)　平成27年11月22日設定の抵当権
(2)　登　記　東京法務局新宿出張所
平成27年11月22日受付第９１３２号
2　被担保債権及び請求債権
(1)　元　金　　1000万円
ただし，平成27年11月22日の金銭消費貸借契約に基づく貸付金（弁済期平成28年11月22日）
(2)　利　息　　500,000万円
ただし，上記元金に対する，平成27年11月22日から平成28年11月22日までの，約定の年５％の割合による利息金
(3)　損害金
ただし上記元金に対する平成28年11月23日から支払済みまでの約定の年６％の割合による遅延損害金

動産執行の申立て

申立ては書面の提出から

動産執行の申立ても、不動産執行の場合と同様に申立書と添付書類を提出することから始まります。これらの書類が不足していたり、誤った記載がなされていると申立てが受理されないので、注意して作成・準備しましょう。

ただ、不動産強制執行の申立ての場合よりも、動産執行申立書は簡単なものとなっています。

申立書を作成する

動産執行申立書（107ページ）の用紙は、裁判所に備え置かれています。選択的に○印をつける部分もあります。

① **表題**

表題は、「強制執行申立書」となるようにします。また、宛先は、「○○地方裁判所執行官　御中」とし、地裁の支部に提出する場合には、支部名を記載します。

② **債権者**

債権者とは、執行を申し立てる人です。債権者の氏名と住所は、強制執行の根拠となる執行力ある債務名義の正本と一致していなければなりません。引越しや結婚などによって変更がある場合には、新旧両方の氏名・住所を記入し、添付する住民票、戸籍謄抄本によって継続性を証明します。会社が合併などで、会社名（商号）、所在地を変更した場合も同様に新旧両者を記載します。その場合は、商業登記事項証明書を添付します。

申立ては代理人によって行うこともできます。代理人の住所・氏名も記載し、押印します。

③　債務者

債務者とは、強制執行の相手方となる者です。債務者の氏名（会社名）・住所（主たる事務所の所在地）も、執行力ある債務名義の正本と一致するように記載します。その後の変更がある場合には、やはり、新旧両方を記載します。

④　目的物の所在場所（執行の場所）

申立書には、目的物の所在場所を記載します。動産は不動産とは異なり、建物の内部にあることがほとんどなので、ここの記載は重要です。執行官が実際に不自由をしないように、正確に記載しましょう。

もっとも、債務者の住所などは、登記簿の表示ではなく、一般の住居表示に準拠しましょう。登記簿では地番と住居表示が一致していないのがむしろ通常ですが、ここでは執行官の実務上の便宜のため、住居表示を使用します。この記載が不備だと補正を命じられ、補正に応じなければ申立ては却下（内容を審査することなく門前払いされること）されてしまいます。

債務者が住居とは別に倉庫などに動産を保管している場合などには、複数の執行場所を記載することもできます。ただし、すべての執行場所が当該執行官の職務執行区域内にあることが必要です。

⑤　執行の目的及び執行の方法

動産の執行機関は執行官ですが、具体的にどの動産に対して執行するのかは、執行官の裁量に委ねられています。だれの目から見てもその所在と様子が認識できる不動産とは異なり、動産は建物の中に入ってみなければわからないことが多いからです。

したがって、「動産の目的及び執行の方法」については、具体的な動産名（宝石、株券など）を記載する必要はなく、該当する部分を○で囲むだけで十分です。

⑥　請求金額（請求債権の表示）

請求金額を合計額として記載します。請求債権の内訳は別添の書面に記載します。

⑦　目的物件

別添の書面に記載します。

⑧　債務名義

債務名義は強制執行の根拠となりますが、該当する種類の債務名義に○をつけます。そして、「平成○○年（　）第○○○○号」と事件番号を記載します。

⑨　その他

その他、添付書類など、該当する項目に○をします。

手数料と費用について

動産執行の申立てをする際には、執行官の手数料と強制執行に必要な費用をあらかじめ納付しなければなりません。手数料と費用の額は、執行債権の額を基準にします。

ただ、強制執行申立書を執行官室の窓口に提出すると、納付すべき金額を示した保管金納付書を交付してもらえます。この納付書と現金を裁判所の会計または裁判所内の銀行（東京地裁の場合）に提出することで納付できます。なお、申立てに際して納付するこれらの金額が、手続きの進行に伴い、実際に足りなくなることもあります。そのときには、執行官から不足分の追加納付を促す通知が来ますから、それに従って速やかに追加納付をします。

添付書類にはどんなものがある

動産執行の申立てでも、執行力ある債務名義の正本をはじめとする書類を添付します。添付書類は、申立て時の状況によってさまざまなものが必要になります。

おもなものとして以下のものがあります。

①　債務名義の送達証明書

動産執行の申立ては、債務者に対して債務名義の送達があらかじめまたは同時になされることが必要です。原則として、この送達が行われていることを証明する書類の添付が必要になりますが、例外的に強制執行と同時に送達をすることも認められています。動産は消費してしまったり、隠してしまうことが容易なので、債務者に強制執行を察知させることなく差押えをすることも必要です。そのため、執行と同時に債務名義を送達することもあり得るのです。

なお、債務名義が執行証書（公正証書）の場合の送達方法は、他の債務名義の場合とは別に定められています。つまり、執行官による送達か公示送達という方法、そして、公証人が郵便で送達するという方法です。公示送達とは、送達すべき相手が所在不明なため送達ができない場合に、裁判所の掲示板に公示することによって送達の要件を充たすという制度です。公正証書があるのに債務者の所在がどうしてもつかめないときには、執行官に相談して、この公示送達の方法をとってみましょう。

②　委任状

申立てを代理人によって行う場合には、債権者は代理権を示す委任状を交付し、それを添付して提出します。

③　資格証明書

債権者あるいは債務者が法人の場合には、その代表者（代表取締役、理事長など）がだれであるのかを示すために、資格証明書（50ページ）を添付することになります。

④　動産の所在場所の地図

実際に執行官が動産の所在場所に到達できるように、所在場所を示す地図を添付します。

書式17　動産執行の申立書

（強　　制） 仮差押・仮処分　執行申立書	受付印	
東　京　地方裁判所 支部　執行官　御中 令和 ○ 年 1 月 9 日		
	予納金　　円	担当　　区

(〒165-0026)　住　所　東京都中野区新井○丁目△番×号

債 権 者　南田商業株式会社　㊞

(〒　　)　住　所

代 理 人　㊞

(〒154-0022)　住　所　東京都世田谷区梅岡○丁目△番×号

債 務 者　北　村　春　男

(〒　　)　住　所

債 務 者

目的物の所在場所　目的物所在地の略図は別紙調査表のとおり
（執行の場所）

①. 前記債務者の住所

2.

3.

連 絡 先　電 話　　局　　番
（担当者　　　　）

執行の目的及び執行の方法

(イ). 動産執行（(家財)・(商品類)・機械・貴金属・その他）
ロ．建物明渡・土地明渡・建物退去・代替執行（建物収去等）・不動産引渡
動産引渡・船舶国籍証書等取上・自動車引渡
ハ．動産仮差押（家財・商品類・機械・貴金属・その他）
仮処分（動産・不動産・その他）
特別法に基づく保全処分

請求金額　金　1,000,000　円（内訳は別紙のとおり）

目　的　物　件　別紙のとおり

債務名義の表示

(1). 東京地方　裁判所　支部　昭和 (平成) 30 年（〇）第　11 号
(判決)・仮執行宣言付支払督促　調書
仮差押命令・仮処分命令

2．　法務局所属公証人　作成
昭和 平成　年　第　号　執行証書

添　付　書　類		
(1). 上記の正本	1通	1．執行の立会い (有)・無
(2). 送達証明書	1通	2．執行の日時 1月24日希望
(3). 確定証明書	1通	3．上記の通知 (要)・否
(4). 資格証明書	1通	4．先行事件の事件番号
5．委任状	通	年（執　）
(6). 債務者に関する調査表	1通	第　号
執行調書謄本　債権者・債務者へ交付申立		

注意　①申立書に使用した債権者，又は代理人の印鑑と，保管金提出書に使用する印鑑が異る場合は受付係に申し出て下さい。　②該当文字を〇で囲む

債権差押命令の申立て

債権差押命令申立書の書き方

債権差押命令の申立書は、書面主義を採用しています。申立書の構造は、不動産の強制競売の申立書とほとんど同じなので、54ページを参照してください。

①　申立書

申立書（112ページ）には、宛先として執行裁判所名、申立て年月日を記載し、右上部に手数料としての印紙を貼付します。代理人によって申し立てるときは、申立債権者代理人の氏名を記載します。

当事者・請求債権・差押債権は、申立書に直接記載せず、「別紙目録のとおり」とします。そして、本文として、債権差押命令を求める旨を表示します。また、最後に添付書類を列記します。

②　当事者の表示

当事者の表示は、「当事者目録」（113ページ）に記載して添付します。当事者は、債権者（債権者代理人）、債務者、第三債務者で、それぞれ住所（法人であれば主たる事務所の所在地）と氏名（法人であれば名称または商号と代表者）を、債務名義と一致するように記載します。債務名義が出された後に変更があった場合は、新旧両方を記載しておきます。

③　請求債権の表示

債権者が債務者に対してもっている債権を「請求債権目録」（114ページ）に表示します。債務名義の事件番号などとともに、元金、利息、損害金、執行費用を記載します。

注意したいのは、不動産強制競売のケースでは、支払いがなされるまでの期間を利息や損害金の基準としているのに対し、ここでは申立日までを基準とする点です。

④ **差押債権の表示**

債務者が第三債務者に対して有する債権で差押えを希望するものを、「差押債権目録」（115ページ）に表示します。

ここで大切なことは、客観的に債権の特定が可能なものでなければならないということです。債権の特定は、債権者と債務者、発生原因、発生年月日、金額などを表示して行います。債務者が第三債務者に対して複数の債権をもつ場合には、どの債権の差押えを希望するのかも明確にします。

申立ての添付書類

債権差押えの申立てにあたってはいくつかの添付書類が必要になります。

① **執行力ある債務名義の正本**

ただの債務名義ではなく、執行力のあることが必要です。

② **送達証明書**

債務者に強制執行力のある債務名義があることを認識させておくことが必要なので、送達がなされていなければなりません。そして、申立書には、送達証明書の添付が必要とされるのです。

③ **当事者・請求債権・差押債権目録**

申立書に記載されない当事者・請求債権・差押債権の表示は目録を作成し、それを添付します。

④ **資格証明書**

債権者・債務者・第三債務者のいずれかが法人である場合は、代表者を明らかにするため、その資格証明書を添付します。資格証明書といっても、商業登記事項証明書でも十分です。

⑤ **委任状**

代理人によって申立てをする場合には、委任状を作成し、添付します。法人が申立てをするときなど、弁護士以外でも代理人とすることはできます。

費用として必要なもの

執行に必要な費用として、手数料としての印紙と切手を用意してください。印紙は4000円相当を申立書に貼付します。消印（使用済みであることを示す印）をしないように注意してください。また、債権差押命令の送達などに必要な費用として、切手をそのまま予納します。

陳述催告とは

債権それ自体は姿かたちがあるものではなく、認識しにくいものですが、債権者は、裁判所を通して、第三債務者に差し押さえるべき債権の存在を確認することができます。それが陳述催告の制度です。債権者から陳述催告の申立てがなされると、裁判所書記官は第三債務者に対して、差押債権の存否、金額（券面額）、弁済の有無、すでに差押えや仮差押があるかなどを問い合わせます。第三債務者は、２週間以内に、陳述書を提出して答えることになっています。債権者は、この陳述書を参照して、差押債権を確認することができるのです。

注意したいのは、陳述催告の申立てには、期限があるということです。債権差押命令が第三債務者に送達されるまでに、陳述催告を申し立てなければなりません。債権差押命令の申立てと同時にしておくべきでしょう。

陳述催告に対して第三債務者が故意（わざと）または過失（不注意）により虚偽の陳述書を提出すると、第三債務者は損害賠償の責任を負うことになります。

書式18　債権差押命令申立書

（（ル）通常）表紙

債　権　差　押　命　令　申　立　書

東京地方裁判所民事第２１部御中

令和 ○ 年 11 月7日

申立債権者　池袋銀行株式会社
代表者代表取締役　望月三郎

電　話　03 - XXXX - XXXX
ＦＡＸ　03 - XXXX - XXXX

当 事 者
請求債権
差押債権
｝ 別紙目録のとおり

債権者は債務者に対し別紙請求債権目録記載の執行力ある債務名義の正本に記載された請求債権を有しているが債務者がその支払いをしないので債務者が第三債務者に対して有する別紙差押債権目録記載の債権の差押命令を求める。

☑　第三債務者に対し陳述催告の申立て(民事執行法第１４７条1項)をする

添　付　書　類

1　執行力ある債務名義の正本　　１通
2　同送達証明書　　１通
3　資格証明書　　１通

当　事　者　目　録

〒　170－0014　豊島区池袋２丁目３番１号
池袋銀行株式会社
債権者　　代表者代表取締役　望月三郎

〒　170－0012　豊島区上池袋５丁目１番１号

債務者　五島太郎

〒　170－0044　豊島区千早５丁目３番５号

第三債務者　山下次郎

請求債権目録

地方裁判所　平成28年　　（○○）第　○○号事件の執行力のある判決正本に表示された下記金員及び執行費用

(1)　元　　金　　　　　　　　　　　金　1,500,000　円

(2)　損 害 金　　　　　　　　　　　金　71,918　円

の
- ☑　上記に対する平成27年５月10日から平成28年４月25日まで年５％の割合による金員
- □　上記（1）の内金　　　　円に対する，平成　年　　月　　日から令和　年　　月　　日までの割合による金員

(3) 執行費用　　　　　　　　　　金　9,270　円

（内訳）	項目		金額	
	本申立手数料	金	4,000	円
	本申立書作成及び提出費用	金	1,000	円
	差押命令正本送達費用	金	2,820	円
	資格証明書交付手数料	金	1,000	円
	送達証明書申請手数料	金	150	円
	執行文付与申立手数料	金	300	円

合　計　　金　1,581,188　円

（注）該当する事項の□にレを付する。　　　　（判決・その他用）

【賃料債権】

差　押　債　権　目　録

金　　1,581,188　　円

ただし債務者が第三債務者に対して有する下記建物の賃料債権にして本命令送達日以降支払期が到来する分から頭書金額に満つるまで

記

（物件の表示）

東京都豊島区千早５丁目３番５号所在

17 養育費等を請求する場合の差押えの特例

養育費とは

近年、離婚が増加していますが、それとともに問題となっているのは、離婚後の子供の養育費の確保です。

親は、子が自立するまでの間、子の生活（衣食住、教育、医療等）について、自分と同じ水準の生活を保障する生活保持義務を負っています。この義務に基づき親が負担する費用を養育費といい、離婚した場合であっても、子と離れて暮らす非監護親は、自らの資力に応じて子とともに暮らす監護親に対し養育費を支払わなければなりません。

よく見受けられるパターンが、離婚後に元妻が子供を引き取って、養育費を元夫が負担するというケースです。

養育費などを確保したいとき

歳月の経過とともに、養育費が支払われなくなるケースが多いようです。この点については、婚姻費用の分担金を離婚後に分割で支払う場合や、親族間での扶養料の分担の場合にも同じ問題が該当します。

このような不払いが生じ始めた場合、債務者の現在の財産を差し押さえるだけでは、問題は根本的には解決しません。養育費などは定期金債権（一定の金額を定期的に給付する債権）なので、債務者の給与債権など将来にわたる継続的給付債権を差し押さえなければ実効性がないのです。

このような事情から養育費などの定期金債権について不払いがあった場合には、債務者の将来にわたる債権を差し押さえることができるようになっています。

なお、差押えの対象にできる債権は、債権者の定期金債権の確定期限到来後に弁済期の到来する債務者の給与債権などに限定されています。

差押えの対象にできる債権は、民事執行法151条の２に列挙されています。おもなものとして、子供の養育費などがあります。根拠となる債務名義上の名称が、これらのものとは異なった和解金などの名称になっていると債務者の将来にわたる債権の差押えができないので、調停や和解のときには注意しておいてください。

差押禁止の範囲はどうなっているのか

通常の債権を根拠として差押えをするときは、債務者の給与の４分の３は差し押さえることができません。つまり、４分の１を限度として差押ができます。しかし、この制度では、差押禁止の範囲が減少するので、原則として２分の１まで差し押さえることができます。

ただし、政令によって定められた必要生計費の規定は、同じように適用されます。たとえば、債務者の給与が月給制のケースでは、給与額が66万円までだと、２分の１まで差し押さえることができます。給与額が66万円を超えると、（給与額－33万円）まで差し押さえることができるのです。

通常の債権とともに請求債権とする場合

通常の債権差押えと養育費などを確保するための債権差押えの双方を請求債権とすることができます。

■ 差押禁止の範囲

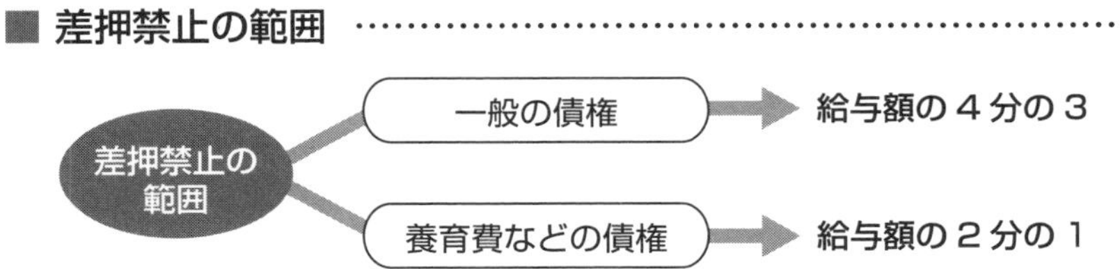

しかし、前述したように、差押禁止の範囲が異なるので、申立書に添付する請求債権目録と差押債権目録は、それぞれの債権について作成します。

財産開示手続きと第三者からの情報取得手続き

養育費の不払いは依然として深刻な社会問題です。厚生労働省の平成28年の調査では、母子家庭で養育費の取り決めをしているのは43%、実際に受け取っているのは24%とされています。養育費の不払いは、母子家庭の貧困化を招く大きな要因となっています。

このような問題に対処するため、民事執行法では、債権者が債務者の財産に関する情報を取得できる手続きとして、「財産開示手続き」が定められていました。養育費を支払わなくなった元夫の財産の情報が分かれば、養育費の回収も可能となります。ところが、従来の財産開示手続きは利用が低調であり、また実効性に乏しい状況にありました。そのため、2019年５月に民事執行法が改正され、財産開示手続きの改善を図るとともに、新たに「第三者からの情報取得手続き」が定められました。

改正財産開示手続き

改正により、手続きの申し立てができる債権者の範囲が広がりました。従来は確定判決等を有する債権者に限られていしましたが、仮執行宣言付き判決（確定前の判決）や強制執行認諾文言付き公正証書を有する債権者も申し立てることができます。たとえば、協議離婚をし、養育費の支払いや支払いが滞った時に強制執行を受け入れることについて、公証役場における公正証書で取り決めたとします。その後、元夫が養育費を支払わなくなったときは、この公正証書に基づき財産開示手続きの申立てができます。

債権者が財産開示手続きを申し立て、裁判所がその実施を決定すると、財産開示の期日が指定されます。債務者は期日に出頭し、財産に関する情報を陳述しなければなりません。

債権者が期日に出頭しなかったり、出頭しても宣誓をしなかったり、虚偽の陳述をしたときなど、従来は30万円以下の過料という軽いペナルティが課されるに過ぎませんでした。これが改められ、6か月以下の懲役または50万円以下の罰金という刑事罰が科されることになり、手続きの実効性の向上が図られています。

第三者からの情報取得手続き

改正による新制度として、「第三者からの情報取得手続き」が定められました。第三者から債務者の財産に関する情報を取得することができます。その概要は、①金融機関から、預貯金債権、上場株式、国債等に関する情報を取得すること、②市町村や日本年金機構等から給与債権に関する情報（勤務先など）を取得すること、③登記所（法務局）から、土地と建物に関する情報を取得すること、です。

手続きの申立てをすることができる債権者は、基本的に財産開示手続きと同じです。養育費について確定判決や強制執行認諾文言付き公正証書などを有する債権者は、前述の①から③のいずれも申立てができます。なお、前述の②の場合、養育費等の債権者と生命・身体の損害賠償の債権者以外の債権者は、申立てができません。

債権者が申し立て、裁判所がこれを認める決定をすると、裁判所は、第三者に債権者の財産に関する情報の提供を命じます。そして、第三者は、書面で裁判所に情報を提供します。裁判所は、その書面の写しを債権者に送付します。併せて、債務者には、情報の提供がなされた旨が通知されます。

第三者からの情報取得手続きにおいて、保険関連は対象とされていません。生命保険の解約返戻金などに関する情報は取得できないので注意してください。

書式19　請求債権目録・差押債権目録（養育費・婚姻費用の未払分の請求）

請　求　債　権　目　録（1）

（扶養義務等に係る定期金債権等）

東京家庭裁判所（□　　支部）令和２年（○○）第　○○　号事件の

{☑　調停調書
{□　審　　判　　　　正本に表示された下記金員及び執行費用
{□　執行力ある判決

記

1　確定期限が到来している債権及び執行費用　208,670　円

（1）　金　200,000　円

ただし，債権者，債務者間の　　長男　○○　　について の令和２年４月から令和３年１月まで１か月金20,000円の養育費の未払分（支払期毎月末日）

（2）　金　8,670　円

ただし，執行費用

（内訳）	本申立手数料	金４，０００円
	本申立書作成及び提出費用	金１，０００円
	差押命令正本送達費用	金２，８２０円
	資格証明書交付手数料	金　　７００円
	送達証明書申請手数料	金　　１５０円
	確定証明書申請手数料	金　　　　　円

2　確定期限が到来していない各定期金債権

令和３年２月から令和８年８月（債権者，債務者間の　長男　が ○○　）まで，毎月　末　日限り金20,000円ずつの養育費

（注）該当する事項の□にレを付する。

請 求 債 権 目 録 (2)

（一般債権）

東京家庭裁判所(□　　　支部)令和２年(○○)第　○○　　号事件の

執行力ある ☑ 調停調書 / □ 審　　判 / □ 判　　決 正本に表示された下記金員及び執行費用

記

1　元金　　　　　　　　金　　2,000,000　　　　円

☑ ただし，　主文第３項　　記載の金　2,200,000　　円の残金

2　損害金　　　　　　　金　　　　　　　　円

□ 上記１に対する，令和　　年　月　日から令和　年　月　日まで　　　　　の割合による金員

□ 上記１の内金　　　　　　円に対する，令和　年　月　日から令和　年　月　日まで　　　　　　の割合による金員

3　執行費用　　　金　300　　円

（内訳）執行文付与申立手数料　　　　　金　300 円

合計　金　2,000,300　円

☑ 弁済期令和２年9月15日　□ 最終弁済期令和　　年　月　日

□ なお，債務者は，
に支払うべき金員の支払を怠り，令和年月日の経過により期限の利益喪失した。

□ なお，債務者は，
に支払うべき金員の支払を怠り，その額が金　　円に達したので，令和　　年　月　日の経過により期限の利益喪失した。

□ なお，債務者は，
に支払うべき金員の支払を怠り，その額が　　回分以上に達したので，令和　　年　月　日の経過により期限の利益喪失した。

□

（注）該当する事項の□にレを付する。

請　求　債　権　目　録

（扶養義務等に係る定期金債権等）

☑　法務局
　　　　　　　所属公証人　○○　作成令和２年第　○○　号
□　地方法務局

公正証書の執行力ある正本に表示された下記金員及び執行費用

記

1　確定期限が到来している債権及び執行費用　金　310,470　円

(1)　金　300,000　　円

ただし，令和２年11月から令和３年１月まで１か月金 100,000 円の婚姻費用の未払分（支払期毎月末日）

(2)　金　10,470　円　　ただし，執行費用

（内訳）	本申立手数料	金４，０００円
	本申立書作成及び提出費用	金１，０００円
	差押命令正本送達費用	金２，８２０円
	資格証明書交付手数料	金　７００円
	送達証明書申請手数料	金　２５０円
	執行文付与申請手数料	金１，７００円

2　確定期限が到来していない定期金債権

令和３年２月から離婚又は別居解消に至るまでの間，毎月末日限り，金　100,000　円ずつの婚姻費用

（注）該当する事項の□にレを付する。

【民間社員給料】

差押債権目録(1)

（請求債権目録(1)の債権について）

1　金　200,000　円（請求債権目録記載の１）

2　(1)　令和３年１月から令和８年３月まで，毎月末日限り金25,000円ずつ（請求債権目録記載の２）

(2)　令和３年１月から令和10年６月まで，毎月末日限り金25,000円ずつ（請求債権目録記載の２）

(3)　令和　　年　月から令和　　年　月まで，毎月　　日限り金　　円ずつ（請求債権目録記載の２）

債務者（　○○　勤務）が第三債務者から支給される，本命令送達日以降支払期の到来する下記債権にして，頭書１及び２の金額に満つるまで。

ただし，頭書(1)及び(2)の金額については，その確定期限の到来後に支払期が到来する下記債権に限る。

記

(1)　給料（基本給と諸手当，ただし通勤手当を除く。）から所得税，住民税，社会保険料を控除した残額の２分の１（ただし，前記残額が月額66万円を超えるときは，その残額から33万円を控除した金額）

(2)　賞与から(1)と同じ税金等を控除した残額の２分の１（ただし，前記残額が66万円を超えるときは，その残額から33万円を控除した金額）

なお，(1)，(2)により弁済しないうちに退職したときは，退職金から所得税，住民税を控除した残額の２分の１にして，(1)，(2)と合計して頭書１及び２の金額に満つるまで

差押債権目録(2)

（請求債権目録(2)の債権について）

金　　800,000　　円

債務者（　　　〇〇　　　勤務）が第三債務者から支給される，本命令送達日以降支払期の到来する下記債権にして，頭書金額に満つるまで。

記

(1) 給料（基本給と諸手当，ただし通勤手当を除く。）から所得税，住民税，社会保険料を控除した残額の４分の１（ただし，前記残額が月額44万円を超えるときは，その残額から33万円を控除した金額）

(2) 賞与から(1)と同じ税金等を控除した残額の４分の１（ただし，前記残額が44万円を超えるときは，その残額から33万円を控除した金額）

なお，(1)，(2)により弁済しないうちに退職したときは，退職金から所得税，住民税を控除した残額の４分の１にして，(1)，(2)と合計して頭書金額に満つるまで。

回収のための具体的手続き

単独で差し押さえたとき

差押債権者が１人しかいないときは、手続的にはそれほど煩雑ではありません。差押債権者は、直接第三債務者のところに行って、債権の取立てを行うことができます。

このとき、第三債務者にしてみるとほとんどの場合、差押債権者は初対面の人間です。債権を取り立てる権限があることと、本人であることまたは代理権があることを証明する書類を用意しておくことが必要です。具体的には、債権差押命令、通知書、免許証、印鑑証明書、委任状などです。申立書に使用した印鑑も持参すべきです。

特に、預金債権を取り立てるときは、第三債務者は金融機関であり、相手が本当に取立権限があるのかどうかについて細心の注意を払います。事前に必要な書類を問い合わせて、アポイントメントをとっておく方が無難です。

①　第三債務者に弁済してもらった場合

取立てに応じて第三債務者が弁済した場合、差押債権者は執行裁判所に対して、その旨を取立届（127ページ）として提出します。もし、第三債務者が供託した場合には、執行裁判所から証明書を発行してもらい、法務局（供託所）にそれを提出して、供託金を受け取ります。

②　第三債務者が弁済を拒絶したら

第三債務者が弁済を拒絶した場合には、差押債権者は取立訴訟を提起することができます。訴訟になると専門的知識や技術が必要になるので、弁護士に相談すべきでしょう。

複数の債権者が差し押さえたとき

差押えが競合すると、必ず、第三債務者が供託することになっています。そして、債権者は、執行裁判所の進める配当手続に沿って、配当を受けることになります。執行裁判所から通知があるので、必要書類を確認の上、期日に出頭してください。

転付命令により取り立てるとき

転付命令があると、債権者は自分の債権として取立てをすることができますが、取立権限を証明する書類を用意していくことが必要なのは、単独で差し押さえた場合と同様です。

ただ、転付命令の場合は、取立てにあたって転付命令が確定していることが必要なので、その旨を証明する確定証明を執行裁判所に発行してもらいます。発行してもらうには、確定証明申請書（132ページ）を提出します。手数料として150円分の印紙を貼付します。

■ 債権の取立て

・単独で差押え

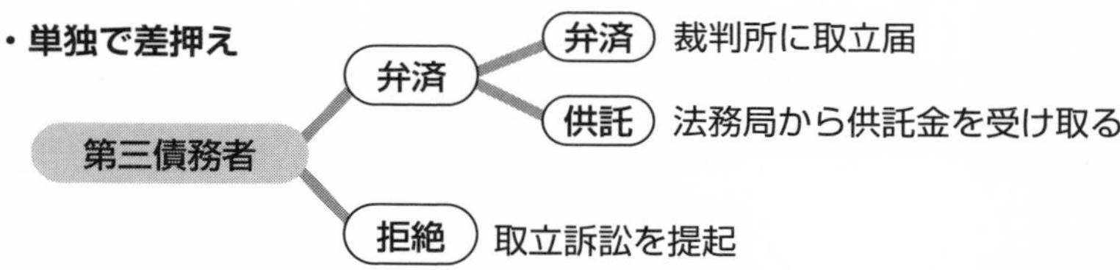

・複数人による差押え

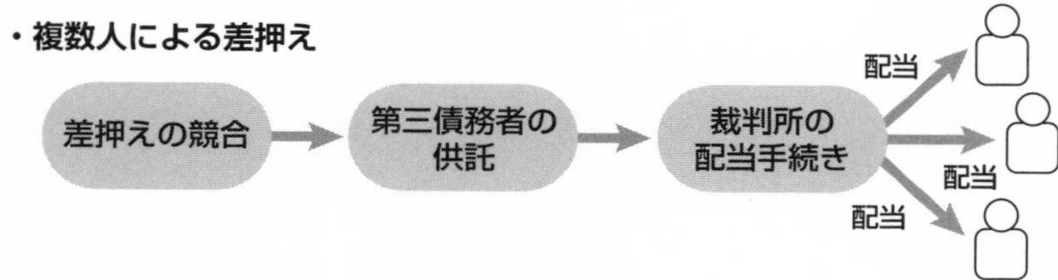

書式20　取立届

(捨印)

令和○年（ル）第　○○　号

取立（完了）届

東京地方裁判所民事第２１部御中

令和 ○ 年 12 月 26 日

申立債権者　小島　一郎　㊞

債　権　者　小島　一郎
債　務　者　根岸　政男
第三債務者　下谷　政和

上記当事者間の債権差押命令に基づき，債権者は第三債務者から，下記（①，２）のとおり金員を取り立て（取立完了し）たので届けます。

記

１　取 立 日　令和○年12月5日
　　取立金額　金　　1,000,000　　円

２　別紙取立一覧表のとおり

書式21　取立一覧表

（別 紙）

取　立　一　覧　表

取　立　日	取　立　金　額	備　　　考
平成27年10月25日	250,000	平成27年10月20日が支払期
平成27年11月25日	250,000	平成27年11月20日が支払期
平成27年12月25日	250,000	平成27年12月20日が支払期
合　計　額	金　750,000円	

書式22　転付命令申立書

債権差押及び転付命令申立書

令和○年11月７日

東京地方裁判所　御中

申立債権者　○○○○　　㊞
ＴＥＬ　03 - XXXX - XXXX

当事者　　別紙目録の通り
請求債権　別紙目録の通り
差押債権　別紙目録の通り

債権者は、債務者に対し、別紙請求債権目録記載の別紙請求債権目録記載の執行力ある債務名義の正本に記載された請求債権を有している。しかし、債務者はその支払いを行わない。

よって、債務者が第三債務者に対して有する別紙差押債権目録記載の債権の差押命令を求める。また、あわせて、請求債権の支払に代えて券面額で差し押さえられた債権の債権者へ転付するとの命令を求める。

添付書類

1　　債務名義の正本　　１通
2　　送達証明書　　１通

当事者目録

〒○○○－○○○○　　東京都○○市○○町○丁目○番○号
債権者　○○○○

〒○○○－○○○○　　埼玉県○○市○○町○丁目○番○号
債務者　○○○○

〒○○○－○○○○　　神奈川県○○市○○町○丁目○番○号
第三債務者　○○○○

請求債権目録

○○地方裁判所令和○年（○）第○○○号事件の執行力のある判決正本に表示された下記債権

金○○○○円

差押債権目録

金35万2711円

債務者が、第三債務者に対して有する下記債権と、そこから生じる利息債権につき、下記に記載する順序に従い、頭書金額に満つるまで。

1　平成○年○月○日に債務者と第三債務者の間で締結した消費貸借契約に基づき、債務者が第三債務者に対して有する貸金債権

2　平成×年×月×日に債務者と第三債務者の間で締結した消費貸借契約に基づき、債務者が第三債務者に対して有する貸金債権

3　平成△年△月△日に債務者と第三債務者との間で締結した売買契約に基づき、債務者が第三債務者に対して有する売買代金債権

書式23　転付命令確定証明申請書

(捨印)

転付命令確定証明申請書

東京地方裁判所民事第２１部御中

令和 ○ 年 11 月 7 日
申立債権者　柴田　良夫　　㊞

債　権　者　柴田　良夫
債　務　者　新川　二郎
第三債務者　砂山　明子

上記当事者間の御庁令和 ○ 年（○○）第○号及び令和 ○ 年（ヲ）第 ○○ 号債権差押及び転付命令申立事件に係る令和 ○ 年 10月9日付け転付命令が確定したことを証明して下さい。

- -

受　書

上記証明書　　　通を受け取りました。
令和　　年　　月　　日
申立債権者

19 物上代位による債権差押え

どんな場合にするのか

資産価値の高い不動産の所有者である債務者に対して債権をもつ者は、物上代位権を行使する担保権者だけではありません。資金難に陥った債務者は、担保権者以外の者にも借金をするため、新たな債権者が登場することはよくあります。このような状況で、物上代位権の行使により賃料債権を差し押さえた担保権者と、通常の債権差押命令を申し立てた一般債権者、さらには、債権の担保として債務者（不動産所有者）から賃料債権の譲渡を受けた債権者との優劣が争われました。そこで、判例は以下のような優劣関係を示しました。

①　物上代位と通常の債権差押命令

一般債権者の差押えと抵当権者の物上代位権に基づく差押えが競合した場合は、物上代位権の根拠となる抵当権の登記と債権差押命令の第三債務者への送達の先後で優劣が決まります。送達が抵当権設定登記よりも前であれば、抵当権者は配当を受けることができません。逆に、後である場合は、抵当権者は物上代位に基づき対象債権を差し押さえることで、一般債権者に優先して弁済を受けることができます。

②　物上代位と債権譲渡

債務者が第三者に賃料債権を譲渡したときは、担保権の登記と債権譲渡の第三債務者（賃借人）への送達の先後で優劣が決まります。債権譲渡とは、債権を第三者に譲渡することです。債権譲渡に際しては、債権を譲渡する者が、債権を譲渡した旨の通知を債務者にするか、債務者からの承諾を得なければ債権を譲渡したことを債務者や第三者に主張できません（第三者に主張するには内容証明郵便などの書面で通知する必要があります）。

書式24　債権差押命令申立書（物上代位）

債　権　差　押　命　令　申　立　書

東京地方裁判所民事第２１部御中

令和○年11月７日

債権者渋谷銀行株式会社

代表者代表取締役　岸　谷　和　男　㊞

電　話　03 - XXXX - XXXX

ＦＡＸ　03 - XXXX - XXXX

当事者

担保権，被担保債権，請求債権

差押債権

（以上）別紙目録のとおり

債権者は債務者に対し別紙担保権、被担保債権、請求債権目録記載の請求債権を有しているが債務者がその支払をしないので別紙担保権、被担保債権、請求債権目録記載の抵当権（物上代位）に基づき、債務者兼所有者が第三債務者に対して有する別紙差押債権目録記載の債権の差押命令を求める。

添付書類

１　不動産登記事項証明書　　１通

２　商業登記事項証明書　　１通

※１　申立書と各目録との間に契印し、各ページの上部欄外に捨印を押す。

２　債務者と所有者が同一人である場合は「債務者」「所有者」とあるところを「債務者兼所有者」と記載する。

当　事　者　目　録

〒　150-0041　渋谷区神南３丁目２番３号
債　権　者　　渋谷銀行株式会社
代表者代表取締役　岸　谷　和　男

〒　151-0073　渋谷区笹塚４丁目２番４号
債務者兼所有者　　脇　田　二　郎

〒　150-0031　渋谷区桜丘町３丁目３番１号
第三債務者　　南　山　健　治

※　債権者・債務者及び所有者は原則として不動産登記事項証明書に記載されているとおりに記載する。
住所の移転等があるときは不動産登記事項証明書上の住所等と現在の住所等を併記し、住民票等の公文書でその同一性を証明する。

担保権・被担保債権・請求債権目録

1　担保権

別紙差押債権目録記載の建物について

平成25年９月10日設定の抵当権

東京法務局渋谷出張所

平成25年９月13日受付第4235号

2　被担保債権及び請求債権

(1)　元金　　金 7,000,000 円

(2)　利息金　金 350,000 円

上記（1）に対する平成25年９月10日から平成26年９月10日まで

年５％の割合による利息金

(3)　損害金　金 217,671 円

上記（1）に対する平成26年９月11日から平成27年４月25日まで

年５％の割合による損害金

合　　計　　　　金 7,567,671 円

※1　担保権を、目的不動産、担保権の種類及び登記で特定する。担保権が根抵当権の場合は、被担保債権の範囲及び極度額も記載する。

2　元金を、日時、種類、金額で特定する。また、請求債権が残金又は内金であるときは、その旨を記載する。

3　利息、損害金は、申立日までの期間を計算して、確定させる。

4　登記簿上、弁済期が到来していることが分からない場合は、弁済期の到来の主張を記載する。

（例）なお、債務者は、平成○年○月○日の分割金の支払を怠ったので、約定により同日の経過により、期限の利益を失った。

差 押 債 権 目 録

金 7,567,671 円

ただし，債務者兼所有者が第三債務者に対して有する下記建物の賃料債権（管理費及び共益費相当分を除く。）にして，本命令送達日以降支払期が到来するものから頭書金額に満つるまで。

記

所　　在	渋谷区桜丘町３丁目３番地１
家屋番号	３番１
種　　類	居宅
構　　造	木造瓦葺平家建
床 面 積	70.14平方メートル

※1　第三債務者が複数の場合は第三債務者○○分と記載し、請求債権を各第三債務者に割り付け、差押債権額の合計が請求債権額を超えないようにする。

2　債務者と所有者が同一の場合は、「債務者兼所有者」と記載する。

3　不動産登記事項証明書のとおりに不動産の表示を記載する。

4　不動産登記事項証明書の一棟の建物の表示の欄に「建物の番号」の記載がある場合は、一棟の建物の構造及び床面積の記載はしなくてもよい。

5　敷地権の表示は、記載しない。

20 少額訴訟債権執行

少額訴訟により解決した場合に利用できる

強制執行は通常、地方裁判所が行いますが、少額訴訟にかかる債務名義による強制執行（債権執行）は、債務名義（少額訴訟における確定判決や仮執行宣言を付した少額訴訟の判決など）を作成した簡易裁判所の裁判所書記官も行うことができます。この裁判所書記官が行う強制執行を少額訴訟債権執行といいます。

少額訴訟債権執行の目的は金銭債権に限られ、弁護士以外でも、簡易裁判所の訴訟代理権を取得した認定司法書士であれば、裁判所の許可を得ることなく代理人となることができます。

少額訴訟債権執行は少額訴訟手続をより使いやすいものにするために作られた制度です。少額訴訟では、請求額が60万円以下の金銭トラブルに利用でき、１日で判決がでます。ですから少額訴訟のスピーディさを生かすためには、少額訴訟の執行手続も簡易なものにする必要がありました。一方、簡易裁判所で執行できる判決で勝訴を得た上で、債権執行する場合には、地方裁判所に申し立てなければなりません。しかし、少額訴訟債権執行を利用すれば、わざわざ地方裁判所に申し立てなくても、債務名義を作成した簡易裁判所ですぐに執行をしてもらえます。煩雑な手続きを省略することで、訴訟から執行手続まで一気にかたがつくというわけです。

少額訴訟債権執行は、債権者の申立てによって、行われますが、少額訴訟債権執行を利用することなく、通常の強制執行手続によることもできます。

少額訴訟債権執行申立書の記載の仕方

少額訴訟債権執行申立書は、少額訴訟を行った簡易裁判所に提出します。

・少額訴訟債権執行申立書（140ページ）

申立人を記載します。当事者、請求債権、差押債権は、記載内容が多岐にわたるため、別紙目録に記載します。

申立書とともに提出する添付書類を記載します。具体的には、債務名義の正本や送達証明書などがあります。

・当事者目録（141ページ）

債権者と債務者の氏名、住所を記載する他、第三債務者についても記載します。

・請求債権目録（142ページ）

どのような判決により執行を求めるのかを記載します。該当する判決などの□欄にチェックを入れます。その他、元金、利息、遅延損害金を記載します。

・差押債権目録（143ページ）

差し押さえるべき債権を記載します。賃料を差し押さえる場合には、その物件の住所を記載することになります。

■ 少額訴訟債権執行のしくみ

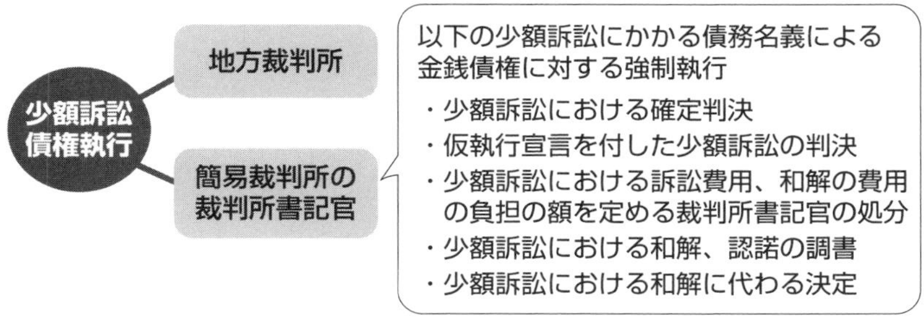

書式25　少額訴訟債権執行申立書

少額訴訟債権執行申立書

○○簡易裁判所　裁判所書記官　殿

令和 ○ 年 11月 7日

申立人　甲山　太郎　㊞

電　話（ ○○○ ）○○○ － ○○○
ＦＡＸ（ ○○○ ）○○○ － ○○○

当　事　者
請　求　債　権　｝別紙目録のとおり
差　押　債　権

債権者は，債務者に対し，別紙請求債権目録記載の少額訴訟に係る債務名義の正本に表示された請求債権を有しているが，債務者がその支払いをしないので，債務者が第三債務者に対して有する別紙差押債権目録記載の債権の差押処分を求める。

☑　陳述催告の申立て（民事執行法第１６７条の１４，同法第１４７条１項）

【添付書類】

少額訴訟に係る債務名義の正本　1 通
同　送達証明書　1 通
（□は該当するものにレ印を付けてください。）
□　資格証明書　通
☑　住民票，戸籍附票　1 通
□　代理人許可申立書　通
□　委任状　通
□ ＿＿＿＿＿＿＿＿＿＿　通

受　付　印			
（少ル）第　　号			
貼用印紙	円	取扱者	
添付郵券	円	認　印	

当事者目録

債権者	〔住所〕〒○○○-○○○○ ○○県○○市○○町1丁目1番1号 〔氏名等〕 甲山　太郎 （債務名義上の住所，氏名等） 〔代理人〕 住所： 氏名： 〔送達場所〕〒　　－
債務者	〔住所〕〒○○○-○○○○ ○○県○○市○○町2丁目2番2号 〔氏名等〕 乙川　次郎 （債務名義上の住所，氏名等）
第三債務者	〔住所〕〒○○○-○○○○ ○○県○○市○○町3丁目3番3号 〔氏名等〕 西村　三郎 〔送達場所〕〒　　－

（債務者１名用）

請　求　債　権　目　録

○○簡易裁判所令和　○　年（少　）第　○○○○　号事件の

- ☑　少額訴訟における確定判決
- □　仮執行宣言付少額訴訟判決
- □　執行力のある少額訴訟における和解調書
- □　執行力のある少額訴訟における和解に代わる決定
- □　執行力のある少額訴訟における（□訴訟費用□和解費用）確定処分
- □

（以上）正本に表示された

下記金員及び執行費用

１　元　　金　　金　500,000 円

☑　主文第１項の金員　（□内金　□残金）
□　和解条項第　項の金員（□内金　□残金）
□

２　利　　息　　金　　　円

□　主文第　項の未払利息金　　円（□内金　□残金）
□　和解条項第　項の未払利息金　　円（□内金　□残金）
□

３　遅延損害金　　金　　　円

□　主文第　項の確定遅延損害金　　円（□内金　□残金）
□　和解条項第　項の確定遅延損害金　　円（□内金　□残金）
□　上記１に対する，平成　年　月　日から平成　年　月　日まで　　の割合による遅延損害金　　円
□　上記１の内金　　円に対する，平成　年　月　日から平成　年　月　日まで　　の割合による遅延損害金　　円
□

４　執行費用　　金　○,○○○　円

（内訳）

本申立手数料	金	4,000 円
本申立書作成及び提出費用	金	1,000 円
差押処分正本送達費用等	金	○○○○ 円
資格証明書交付手数料	金	円
送達証明書申請手数料	金	150 円
	金	円
	金	円
	金	円

以上合計　金　○,○○○　円

☑　弁済期　令和　○　年　10 月　31 日
□　最終弁済期　令和　年　月　日
□　なお，債務者は，　　に支払うべき金員の支払を怠り，平成　年　月　日の経過により期限の利益を喪失した。
□　なお，債務者は，　　に支払うべき金員の支払を怠り，その額が金　　円に達したので，平成　年　月　日の経過により期限の利益を喪失した。
□

（差押債権目録　賃料）

差　押　債　権　目　録

金　500,000　円

債務者が第三債務者に対して有する下記物件の賃料債権（ただし，管理費，共益費相当分を除く。）にして，本処分送達日以降支払期の到来する分から，頭書金額に満つるまで。

記

（物件の表示）

（所在）　○○県○○市○○町3丁目3番3号

（建物の名称）　○○アパート

（賃貸部分）　2階　201号室

強制管理

強制管理とは

債務者が貸しビルなどを所有している場合には、売却するよりも確実に債権を回収できる方法があります。バブルの崩壊以降、不動産価格が下落し、それほど高い値段で売却できなくなっています。しかし、その一方で、オフィスや店舗用に賃貸している貸しビルなどでは、定期的に確実に賃料収益があります。そこで、賃貸不動産の管理権を債務者から奪って、賃貸料から債権の回収を図る強制執行が考案されました。これを強制管理といいます。

強制管理は、強制競売と同様に、債権者からの申立てによって開始されます。申立てがなされ、裁判所の不動産強制管理開始決定が下されると、対象不動産が差し押さえられます。そして、不動産を管理する管理人が選任されます。この管理人には、多くの場合、弁護士もしくは執行官が就任します。裁判所は、債務者に対して不動産の収益処分を禁止し、給付義務を負う第三者（賃借人）に対しては、以後収益（賃料）を管理人に給付するように命じます。つまり、賃貸物件の所有者である債務者は賃料を得ることができずに、賃借人は管理人に対して賃料を支払うことになるわけです。このようにして裁判所の監督の下、管理人が収益を確保し、それを定期的に債権者に配当していくのです。

担保権がある場合

同じような背景から、もともと担保権が設定されている不動産についても、強制管理と同じような制度が設けられました。担保不動産収益執行といって、「担保物権及び民事執行制度の改善のための民法等の一部を改正する法律」に規定されています。手続的には、強制管理に関する規定を準用しています。

これまで、抵当権が設定されている場合、不動産からの収益（賃料）については、民法上の物上代位という制度によって回収が図られていました。物上代位は、賃料や保険金など担保目的物の価値代替物について、担保権者が優先的に弁済を受ける制度で、債権差押えの手続きを経て行われるものです。物上代位が担保不動産収益執行と競合する場合は、債権差押えは収益執行の手続きに吸収されることになりました。

強制管理の申立てをする

強制管理は、債権者からの申立てによって始まります。申立ては強制管理申立書に必要書類を添付して提出します。強制管理申立書の記載内容は、基本的には、不動産強制競売申立書の記載内容と同様です。申立書本文に加えて、当事者目録、請求債権目録、物件目録を作成、添付するところも同じです（54 ～ 55ページ）。

ただし、管理人が選任されるので、弁護士など管理人として推薦したい者がいる場合には、その旨を記載します。また、「不動産の収益を給付すべき第三者」として賃借人の住所（法人の場合は主たる事務所の所在地）・氏名（名称）を記載します。さらに、その第三者が負担している給付義務の内容も記載します。具体的には、１か月あたりの賃料額などを記載するのです。

ただ、この給付義務の内容を、債権者が正確に把握することは困難なケースが多いようです。強制管理の申立ては、債務者に察知されないように始めなければ実効性が薄いため、債務者や賃借人に問い合わせをしにくいことが強制管理を利用する際のネックとなっています。

書式26　強制管理申立書

強制管理申立書

令和○年11月７日

○○地方裁判所　御中

申立人（債権者）　○○株式会社

上記代理人弁護士　○○○○　㊞

当　事　者
請 求 債 権
目的不動産
給付義務者
収　　　益

〉別紙目録記載のとおり

債権者は、債務者に対し、別紙請求債権目録記載の判決正本表示の債権を有しているので、債務者所有の別紙物件目録記載の不動産に対する強制管理を求める。

なお、別紙当事者目録記載の給付義務者は、上記不動産を債務者から賃借し、別紙収益目録記載の賃料債務を負っている。

添付書類

1	執行力ある確定判決の正本	１通
2	同送達証明書	１通
3	登記事項証明書	１通
4	不動産に対して課される租税その他の公課の額を証する文書	１通
5	資格証明書	１通
6	委任状	１通

当事者目録

東京都○○区○○町○丁目○番○号
債権者　○○○○
東京都○○区○○町○丁目○番○号
債権者代理人弁護士　○○○○
東京都○○区○○町○丁目○番○号
債務者　○○○○
東京都○○区○○町○丁目○番○号
給付義務者　○○○○
東京都○○区○○町○丁目○番○号
給付義務者　○○○○

請求債権目録

債権者、債務者間の○○地方裁判所令和○年(ヨ)第○○○○号仮差押命令申立事件の決定正本に表示された下記債権

売買代金　金○○○万円

物　件　目　録

(略)

収　益　目　録

1か月当たり金○○○万円(内訳は以下のとおり)

記

1　金○○万円

ただし、給付金義務を負う第三者○○○○が債務者に対して負担する別紙物件目録記載1の建物の1か月分の賃料債務

不動産引渡しの強制執行

引渡し命令はどんな場合に行うのか

引渡し命令とは、買受申出人が代金を納付して競売不動産の所有権を取得した後に、不法に占有を続けている者に対して「引き渡せ」と裁判所に命令してもらう手続きのことをいいます。

引渡し命令を申し立てることができるのは、代金を納付した買受人です。いかがわしいと思われる占有者に対しては、落札後直ちに申し立てておきたいところです。しかし、代金を納付するまではそれができませんので、念のために、落札後は、占有移転禁止の仮処分の申立てをすればよいでしょう。

次に、引渡し命令の相手方ですが、債務者または占有者が原則です。占有者に対して申立てをするには、占有者を具体的に特定しなければなりません。そのため、占有者が短期間に入れ替わると、占有者を特定することが難しくなり、引渡し命令が困難になることが予想されます。この点、先の保全処分の申立てをしておけば、氏名不詳の占有者に対しても対処できるようになります。

手続きはどのように進行するのか

引渡し命令を申し立てるには、申立書を提出するだけでかまいません。書式は裁判所によって異なりますが、どこもだいたい同じような内容になっています。申立て後は、特に問題がなければ書面審査だけで命令を取得できるはずです。

引渡し命令が発令されたにもかかわらず、占有者が自発的に退去しないときは強制的に立ち退いてもらうしかありません。その手続きを強制執行手続きといいます。強制執行手続きは、①債務名義を取得する→②執行文の付与を受ける→③送達証明書を取得する→④前述の①から③までの書類をそろえたら、強制執行の申立てを行う→⑤執行官と強制執行日時などの打ち合わせを行う→⑥執行官が占有者に１か月以内に退去するよう催告する→⑦それでも退去しない場合は、現場に立ち入って、強制的に立ち退かせる、という流れになっていきます。

以下、これらの内容を具体的に説明していきましょう。

①　債務名義を取得する

債務名義は、「強制執行の申立てを認めますよ」という文書のことをいいます。ここでは、引渡し命令を認めた文書を指します。

②　執行文の付与を受ける

①の文書だけで強制執行はできません。書記官に対して、「強制執行を認めるお墨つきの文書をください」と申し立てます。これを執行付与の申立てといいます。

③　送達証明書を取得する

債務名義が相手方に送達されていないと強制執行は実施できません。そこで、書記官の「送達しました」という証明文書の交付を受けておく必要があります。

④　強制執行の申立てを行う

①②③の書類を添えて、執行官宛に強制執行の申立てを書面で行います。執行費用は裁判所によって異なりますが、だいたい５万円から８万円程度です。

⑤　執行官と打ち合わせをする

事前に執行官と相談して日時の調整などを行っておきます。

⑥　執行官の催告

強制執行といっても、断行日を定めて、いきなり実施するわけではありません。１回目は執行官が現地に直接行って、「○月○日までに家財道具などを運び出して退去するように」と占有者に催告するだけです。これを明渡し催告の制度といいます。通常は、約１か月間の猶予を与えることになります。この催告を受けた占有者は、第三者に占有を移転することを禁止されます。ただ、仮に、第三者に占有を移しても、後日の強制執行には何の支障もありません。

不動産の引渡命令に関わる書式作成上の注意点

不動産の引渡命令の申立書、送達証明申請書（引渡命令）、執行文付与の申立書を作成する際には、以下の点に注意します。

・不動産の引渡命令の申立書（書式27）

申立ての趣旨の部分で、不動産の引渡しを求める旨を述べます。また、申立ての理由の部分では、相手方が権原（ここでは、不動産を占有する正当な法律上の原因）を有していないにもかかわらず不動産を占有していることを記載します。

当事者目録には、申立人の名称・住所と、相手方の名称・住所を記載します。法人の場合は、法人の名称の他に代表者の氏名も記載する必要があります。

・送達証明申請書（引渡命令）（書式28）

申立人とその相手方の住所・氏名を記載します。その上で、送達が行われたことの証明を求めます。送達証明申請書は裁判所に対して提出します。また、送達証明申請書を提出する際には、費用として相手方一人当たり150円が必要です。この費用は収入印紙を使って納付します。

・執行文付与の申立書（書式29）

申立人とその相手方の住所・氏名を記載します。その上で、執行文の付与を求める旨を述べます。執行文付与の申立書を提出する際には費用が300円かかります。この費用は収入印紙を使って納付します。

書式27　不動産引渡命令申立書

令和 ○ 年(ケ)第○○○号

収入印紙
５００円×
相手方の数

不動産引渡命令申立書

○○地方裁判所　御中

令和 ○ 年５月25日

申立人(買受人)　**甲山 春夫** ㊞

当事者の表示　　別紙当事者目録のとおり
不動産の表示　　別紙物件目録のとおり（略）

申立ての趣旨

相手方(ら)は申立人に対し，別紙物件目録記載の不動産を引き渡せ。

申立ての理由

1　申立人は，頭書事件において上記不動産を買い受け，令和 ○年５月８日に代金を全額納付した。

2　相手方乙野次郎は，上記不動産を占有しているが，申立人(買受人)に対抗することができる権原を有しない。

3　よって、申立ての趣旨記載の裁判を求める。

当　事　者　目　録

〒　○○○－○○○○
申立人　住　所　東京都○○○○○○

氏名　甲山 春夫

〒　○○○－○○○○
相手方　住　所　東京都○○○○○○

氏名　乙野次郎

〒　　　－
相手方　住　所

氏名・名称

〒　　　－
相手方　住　所

氏名・名称

（※）法人の場合は，法人の名称のほか，代表者名も記載すること。

書式28　送達証明申請書（引渡命令）

（※）２枚一組として申請してください。

送達証明申請書

収入印紙
１５０円×
相手方の数

○○地方裁判所　御中

令和 ○ 年６月１０日

債権者　住所　東京都○○○○○○

氏名　甲山 春夫　㊞

債権者（申立人）甲山春夫

債務者（相手方）乙野次郎

上記当事者間の御庁令和 ○ 年(ヲ)第○○○号不動産引渡命令申立事件について，不動産引渡命令正本が債務者に平成 28 年５月 25 日送達されたことを証明してください。

請　　　書

地方裁判所　御中

上記申請にかかる送達証明書を受領しました。

令和　　年　月　　日

債権者（氏名）

送達証明申請書

○○地方裁判所　御中

令和 ○ 年６月10日

債権者　住所　東京都○○○○○○

氏名　**甲山 春夫** ㊞

債権者（申立人）**甲山春夫**

債務者（相手方）**乙野次郎**

上記当事者間の御庁令和 ○ 年（ヲ）第○○○号不動産引渡命令申立事件について，不動産引渡命令正本が債務者に令和 ○ 年5月 25 日送達されたことを証明してください。

上記申請のとおり相違ないことを証明する。

令和 ○ 年 7月 10日

○○ 地 方 裁 判 所

裁判所書記官

書式29　執行文付与の申立書

執行文付与の申立書

収入印紙
３００円

○○地方裁判所　御中

令和 ○ 年6月10日

債権者　住所　東京都○○○○○○

氏名　甲山 春夫　㊞

債権者（申立人）甲山春夫

債務者（相手方）乙野次郎

上記当事者間の御庁令和 ○ 年（ヲ）第○○○号不動産引渡命令申立事件について、債務者に対する強制執行のため必要ですので、令和 ○ 年5月 25 日にされた不動産引渡命令の正本に執行文を付与されたく、申し立てます。

請　　書

令和　　年　月　　日

○○地方裁判所　民事部　御中

債権者（氏名）

上記執行文を付与された不動産引渡命令正本を受領しました

強制執行を受けた場合の不服申立て

不当な強制執行に対してとれる対抗策

債務者がぎりぎりの時点で債務を弁済したのに、強制執行が進んでいくことがあるかもしれません。反対に、何らかのミスにより、民事執行法が定めている手続きが踏まれていないことがあるかもしれません。そのような場合に備えて、民事執行法では、不服を申し立てる手段を用意しています。

請求異議の訴えとは

たとえば、弁済期を過ぎたことはわかってはいるが、なかなか資金繰りがつかなかった。何とか工面ができたので、あわてて債権者の銀行口座にお金を振り込んだが、債権差押命令が送達されてきたという場合を考えてみましょう。

このように弁済をして債務が消滅したにもかかわらず、強制執行が始まってしまったときの不服申立てが請求異議の訴えです。

なぜこのような事態が生じるのかというと、債権債務が存在することを法律的に判断する機関と強制執行を行う機関が別だからです。債権債務の存在を、法律的に判断する機関は裁判所です。

しかし、そこで行われた判断に基づいて強制執行を行うのは、別の組織体としての裁判所（執行裁判所）または執行官です。これらの執行機関は、執行力ある債務名義および送達証明書を信用して、そのまま自動的に手続きを進めていくのです。そのため、少しの時間のずれで、弁済がなされているのに執行が始まってしまうこともあるのです。

請求異議の訴えでは、債務者が原告、債権者が被告となります。訴えを提起しただけでは、強制執行は停止せず、裁判所に執行停止決定をしてもらわなければなりません。

第三者異議の訴えとは

特に動産執行の場合にあることですが、債務者の元にある差押物の中に、第三者から借りているものや、所有権を第三者に留保して買い受けた動産が紛れ込んでいることがあります。

動産執行においては、執行官が差押えをするとき、周囲の状況から客観的に見てその動産が債務者の物であると判断できれば、そのまま差押えができることになっています。各動産をめぐる権利状況について、その場で執行官が詳細に調べることはできないので、このように扱われています。

このような場合に、第三者が自分の権利を主張するための不服申立てが第三者異議の訴えです。第三者異議の訴えでは、第三者が原告、債権者が被告となります。

配当異議の訴えとは

競売を伴う強制執行では、最終段階の手続きは、競売して得られた売得金の債権者への配当です。配当は、優先的に弁済を得られる権利を有する債権者がいれば、そこから優先的になされます。同じ順位の優先権をもっている債権者や優先権のない債権者が複数いて、売得金がすべての債務を弁済するのに足りないときは、債権額に比例して分配されます。

このようなルールが定まっているのですが、配当を受ける債権者にとって納得のいかないケースもあります。

そのような場合には、不服のある債権者は、配当期日に配当異議の申立てを行うとともに、1週間以内に配当異議の訴えを提起します。そして、期間内に訴えを提起した旨を、執行裁判所に対して証明しなければなりません。配当異議の訴えは提訴期間が短いので、注意が必要です。

執行抗告とは

強制執行の手続きに関して不服がある場合には、執行抗告および執行異議などの不服申立て手段があります。

執行抗告は、民事執行の手続きに関する裁判に対して行う不服申立てです。執行抗告は、「この競売手続きには違法性が疑われるので、裁判所の方で調べてほしい」と、おもに債務者と不動産執行や動産執行の場合の目的物の所有者が裁判所に申し立ててくる異議申立てのことをいいます。執行抗告は、さまざまな法律で「執行抗告をすることができる」と定められている場合に限り申し立てることができます。民事執行法上、執行抗告ができるおもな裁判は次のようなものです。

・執行抗告の却下決定

・民事執行の手続きの取消決定

・強制競売の申立て却下の裁判

執行抗告の申立て

執行抗告は、裁判の告知を受けた日から１週間以内に、抗告状を裁判所に提出することで行います。不動産執行や動産執行の場合、法律上は買受人からの申立ても可能ですが、ほとんどは所有者側（債務者だけでなく占有者も含む）の明渡し交渉の手段として使われているのが実情です。執行抗告は、売却許可決定から１週間以内に執行抗告状を提出して申し立てることができます。

申立人は執行抗告を申し立てた日から１週間以内に理由書を提出することになっていますが、これを怠ると申立ては却下されます。ただし、理由書が提出されても、明らかに申立ての理由がないと認められると、１か月以内に、地方裁判所で却下されます。ただ、申立てに多少の理由があると認められると、高等裁判所で（書面）審理することになるので、判断に２、３か月もかかることがあります。特に、不動産執行の中で執行抗告が行われた際に買受人が注意しておきたいのは、執行抗告の申立て→却下→売却許可決定→代金納付→所有権取得の過程で５か月近くもかかる場合があるということです。

執行抗告を審理する裁判所（抗告裁判所）は、執行裁判所の上級裁判所です。執行裁判所は、通常は地方裁判所なので、抗告裁判所は高等裁判所になります。

審理をするのは抗告裁判所ですが、抗告を申し立てる先は執行裁判所なので注意してください。申立ては書面で行います。代理人によって申し立てることもできますが、専門性が高いので、代理人は弁護士に限定されています。

なお、不動産執行に対して執行抗告がなされた場合と同様に、動産執行や債権執行が行われている場面で執行抗告が行われれば、動産執行や債権執行に関する審理が行われることになります。

執行抗告状作成の注意点（書式30）

執行抗告状には、最初に抗告人の住所・氏名を記載します。執行抗告状の提出先は裁判所になります。抗告の趣旨では、強制執行を取り消すように求めます。抗告の理由では、執行抗告を行った理由を記載します。また、執行抗告の申立てに必要な費用は1000円です。

執行異議

執行抗告の場合を除いて、執行手続に不服がある場合は、執行異議の方法によることになります。

審理は執行裁判所で行い、執行官が執行機関の場合でも、その執行官が所属する執行裁判所が審理を行います。

なお、執行異議の申立てを代理によって行う場合は、代理人は弁護士には限定されません。

書式30　執行抗告状

執行抗告状

令和○年11月７日

○○地方裁判所　御中

住所　**東京都○○○○○○**

抗告人 **甲山春夫**　㊞

電　話○○○—○○○—○○○○

○○地方裁判所令和○年（ケ）第○○号不動産競売事件につき、同地方裁判所が令和○年11月５日に言い渡した売却許可決定に対し、執行抗告をする。

抗　告　の　趣　旨

原判決を取り消し、○○○○に対する売却を不許可とする裁判を求める。

抗　告　の　理　由

追って、理由書を提出する。

第３章

民事保全の書式

申立書の記載事項

申立書の記載事項について

保全命令の申立書に記載しなければならない事項については、民事保全規則13条などに書かれているとおりです。そこで、以下では同規則の内容に沿って説明していくことにします。

・標題の記載

たとえば、不動産の仮差押を申し立てる場合は、「不動産仮差押命令申立書」などと、執行対象物を明示して標題を記載します。

・年月日の表示

申立日を作成した日付と申し立てた日の日付のいずれを記載してもかまいません。ただし、実務では申立日を記載する方が一般的です。

・申立先裁判所の表示

たとえば、東京地方裁判所立川支部のように、支部の裁判所に申し立てる場合は、支部名まで記載します。また、申立先は、申立先裁判所の「民事部」になります。

・債権者もしくは代理人の表示

氏名の欄には必ず押印をしてください（認印でも可）。裁判所に提出する書類は、原則としてすべて押印が要求されます。その際は、すべての書類に同一の印鑑を使用してください。書類ごとに異なった印鑑を用いると、同一性の確認のために、裁判所の方から印鑑証明書の添付を要求されることがあります。

・当事者の表示

当事者の氏名または名称、住所を記載します。また、代理人を立てているときは、代理人の氏名、住所を記載します。ただし、これらの表示は、実務上、別紙として作成する「当事者目録」を引用する形にして、「別紙当事者目録記載のとおり」と記載するのが一般的です。

・請求債権の表示

債務者に対して、どのような請求をしていくのかを具体的に特定して記載する必要があります。ただ、この点も上記と同様に、別紙として作成する「請求債権目録」を引用する形にして、「別紙請求債権目録のとおり」と記載するのが一般的です。

・申立ての趣旨

どのような保全命令を求めるのかを記載します。たとえば、不動産仮差押の場合だと、「債権者の債務者に対する上記請求債権の執行を保全するため、債務者所有の別紙物件目録記載の不動産は、仮に差し押さえる。との裁判を求める」などのように、決まった書き方になります。

・申立ての理由

「被保全権利」と「保全の必要性」の２点を具体的に記載していきます。申立書の核心部分といってよいでしょう。

・疎明方法

申立ての理由で記載した事項を疎明する証拠を記載します。疎明書類には「甲１、甲２」などと号証番号を付して記載します。

・添付書類

資格証明書や固定資産評価証明書などを提出する必要がある場合には、その旨を記載する必要があります。

申立手数料はどうなっているのか

保全命令を申し立てるには、申立書に手数料として貼用印紙を貼る必要があります。申立額は１個の申立てにつき、１個の手数料として2000円を納めなければなりません。

疎明資料について

疎明資料とは、被保全権利および保全の必要性を疎明する資料をいいます。以下の説明では、便宜上32ページと内容が一部重複しますが、確認する意味で、ここでもう一度おさらいしておきます。

疎明資料は、通常、書証を提出することになります。たとえば、金銭消費貸借契約書や不動産登記事項証明書などです。

各々の書証は、申立書に甲1、甲2などと番号を振って記載し、その写しを添付して提出することになります。なお、各種登記事項証明書については、原則として1か月以内に発行されたものを裁判所から要求されることがあります（種類によっては3か月以内のものもあります）。

添付書類について

債権者または債務者が相続人である場合は、被相続人の出生時から死亡時に至るまでの戸籍謄本および相続人らの戸籍謄本の提出が必要になります。同様に、遺言執行者や相続財産管理人らについても、そのことを証する書面の提出が必要です。

不動産に関する仮差押、仮処分の申立ては、以下の書証の提出が必要です。まず、登記された不動産については、固定資産評価証明書と登記事項証明書が必要になります。ただし、登記簿の表題部に記載されている者が債務者以外である場合には、その不動産が債務者の物であることを証する書面の提出が必要です。

未登記の不動産については、土地と建物とで提出書類が異なります。まず、土地については、固定資産評価証明書、固定資産税の納付証明書、土地所在図、地積測量図などを提出しなければなりません。次に、建物については、固定資産評価証明書、固定資産税の納付証明書、建物の図面、各階平面図などを提出することになります。

また、仮差押、仮処分が、船舶、航空機、自動車、建設機械、電話加入権その他の財産権を対象とする場合にも、それぞれに該当する書面の提出が必要になります。

次に、債権者、債務者、第三債務者が法人の場合は、商業登記事項証明書を提出します。第三債務者というのはわかりにくい言葉ですが、たとえば、ＡがＢ銀行に預金していて、Ａの債権者Ｃが預金を差し押さえた場合、Ｃから見てＢ銀行は第三債務者になります。他にも、たとえば、ＡがＢに対して貸金債権を持っている場合に、ＢがＣに対して売掛金債権を持っていたとします。このときに、Ａが当該売掛金債権を仮差押した場合、Ａから見たＣを第三債務者といいます。

なお、債務者の現住所と、提出した疎明資料に記載されている住所とが異なる場合は、債務者の住民票を、法人の場合は商業登記事項証明書などを提出する必要があります（同一性の証明）。

■ 添付書類

登記済みの日本船舶	登記簿謄本など
登記済みの小型船舶	小型船舶登録原簿の全部事項証明書など
未登記の日本船舶	固定資産税の納付証明書 船舶件名書謄本、船舶製造地を管轄する登記所の登記簿に、その船舶に関する登記がないことを証する書面など
航空機	航空機登録原簿謄本など
自動車	自動車登録ファイルに記録されている事項を証明した書面など
建設機械	建設機械登記事項証明書など
電話加入権	電話会社の電話加入権に関する帳簿に記載されている事項を証明した書面など
著作権・特許権などの権利の移転につき登記または登録を要するその他の財産	登記簿謄本または登記原簿に記載されている事項を証明した書面など

不動産仮差押命令申立書の書き方

不動産仮差押命令申立書作成の際の注意点

仮差押の代表的な執行対象物は、大きく分けると不動産、債権、動産になります。ここでは、それらの執行対象物ごとに、申立書作成の際の注意点を説明します。まずは、不動産の場合を見ていきましょう。

申立用紙や記載事項の大まかな説明については、162ページを参照してください。ここではそれ以外の注意点を述べていきます。

まず、債務者の不動産を仮差押するには、債権者の被保全権利が金銭債権でなければなりません。たとえば、債務者に対して持っている被保全権利が貸金債権や売掛金債権であれば問題ありません。しかし、「その不動産を引き渡せ」という引渡請求を目的として仮差押をすることはできないということになります。

また、この金銭債権は、今はまだ権利として存在していなくても、将来成立する権利であると認められるような場合でもよいとされています。たとえば、保証人の主債務者に対する将来の求償権（他人のために支出をした者が、本来債務を負担すべき者に対してもつ権利のこと）がこの場合にあたります。

ただし、保全の必要性の疎明が不十分だと裁判所に判断されると、申立てが却下されてしまいます。

次に、不動産の仮差押が認められた場合に、どのような執行方法があるかというと、民事保全規則では２つの方法を認めています。

１つは、仮差押の登記を設定する方法で、もう１つは、強制管理の方法です。強制管理というのは、144ページでも述べましたが、債務者が受け取っている賃料などを取り上げる手続をいいます。そこで、もし、仮差押の対象不動産が債務者の賃貸物件であれば、前述した２

つの方法を併用して申し立てていく方法が考えられます。

その場合には、たとえば、申立ての理由に、「登記と強制管理の併用」と題して、「債権回収のために強制管理の方法によるのが本件では実効性がある」旨を記載すればよいでしょう。

なお、不動産仮差押命令の申立てをする場合には、仮差押をする不動産の物件目録を作成する必要があります。

書式作成にあたっては、申立書に、申立ての趣旨として債務者の不動産を仮差押する旨を記載します。その上で、申立ての理由として、被保全債権と保全の必要性を記載します。被保全権利は、債務者に対する債権を契約内容に沿って記載していきます。保全の必要性は、仮差押をしなければ、債権回収に支障がでる旨を記載します。

当事者目録には、債権者と債務者の氏名と住所を記載し、請求債権目録には、債務者に対する債権として、元金、利息、遅延損害金などを記載します。

物件目録は、登記事項証明書の表題部の記載に沿って記載することになります。書式１では、土地と建物それぞれの共有持分の２分の１を仮差押の対象にしています。

書式１　不動産仮差押命令申立書

不動産仮差押命令申立書

令和１年11月8日

東京地方裁判所民事第９部　御中

債　権　者　　Ａ　株式会社　㊞
上記代表者代表取締役　Ｚ　㊞

当事者の表示　　別紙当事者目録記載のとおり
請求債権の表示　別紙請求債権目録記載のとおり

申立ての趣旨

債権者の債務者に対する上記請求債権の執行を保全するため、債務者所有の別紙物件目録記載の不動産は、仮に差し押さえる。
との裁判を求める。

申立ての理由

第１　被保全権利

(1)　債権者は申立外株式会社丙商事（申立外会社）に対し、平成30年９月30日、金1000万円を利息７パーセント、遅延損害金15パーセント、弁済期平成31年２月25日の約定で貸し付けた（本件契約）。

(2)　債務者は、上記同日、債権者に対し、上記金銭消費貸借契約に基づき申立外会社が債権者に対して現に負担し、又は、将来負担することあるべき一切の債務について、下記の限度額及び保証期間を定めて、これを保証し、申立外会社と連帯して支払う旨約した（甲１ないし５）。

記

【1】　保証限度額　金2000万円
【2】　保証期間　１年

したがって、債権者は、第１項の根保証契約に基づき、連帯保証人である債務者に対し、保証限度額である金2000万円について連帯保証債務履行請求権を有する。

(3) 申立外会社は、上記弁済期を経過するも、弁済をしない。

第２　保全の必要性

1　債務者は、本件契約以外にも相当の債務を負担しているが、見るべき資産といえば肩書所有地に所有ないし共有している自宅の建物と土地のみである。その上記不動産については、平成30年９月30日付けにて、申立外会社を債務者とする極度額2000万円の根抵当権が設定されているほか、代物弁済予約を原因とする所有権移転請求権仮登記が経由されており、その他にも多額の担保が設定されている（甲６ないし９）。

2　債務者は、申立外会社のため本件債務のほかにも多額の保証をしており、このまま推移すれば、上記各不動産を何時処分するかわからない状況にある（甲５）。

3　したがって、今のうちに本件不動産に対し仮差押をしておかなければ、後日に本案訴訟で勝訴判決を得てもその執行が不能又は著しく困難になるおそれがあるので本申立てに及ぶ次第である。

疎　明　方　法

甲１	根保証契約書
甲２	印鑑証明書
甲３	印鑑証明書
甲４	会社登記事項証明書
甲５	報告書
甲６	土地登記事項証明書
甲７	建物登記事項証明書
甲８	土地登記事項証明書
甲９	土地登記事項証明書

添　付　書　類

甲号証	各１通
固定資産評価証明書	２通
資格証明書	１通

当　事　者　目　録

〒○○○－○○○○　東京都○○区○○町○丁目○番○号

債　　権　　者　　A　株式会社
上記代表者代表取締役　　　　Z

〒○○○－○○○○　東京都○○区○○町○丁目○番○号

債　　務　　者　　　　B

請　求　債　権　目　録

金○○○○万円
　ただし、債権者が申立外株式会社丙商事（申立外会社）に対して有する下記債権について、債権者と債務者間の平成○年○月○日付け連帯根保証契約に基づき、債権者が債務者に対して有する金2000万円の連帯保証債務履行請求権の内金

記

　債権者と申立外会社間の平成○年○月○日付け金銭消費貸借契約に基づき、債権者が申立外会社に対して有する貸金元金1000万円と年7パーセントの割合による約定利息金及びこれに対する平成○年○月○日から平成○年○月○日まで年15パーセントの割合による遅延損害金○○円の合計額

物　件　目　録

1	所　　　　　在	東京都○○区○○町○丁目
	地　　　　　番	○○番
	地　　　　　目	宅　地
	地　　　　　積	○○○.○○平方メートル

この共有持分２分の１

2	所　　　　　在	東京都○○区○○町○丁目○番地○
	家　屋　番　号	○○○番○
	種　　　　　類	居宅
	構　　　　　造	鉄筋コンクリート造　２階建
	床　　面　　積	１階　○○.○○平方メートル
		２階　○○.○○平方メートル

この共有持分２分の１

債権仮差押命令申立書の書き方

債権仮差押命令申立書作成の注意点

債権仮差押命令申立書の書式2，3、4は、いずれも債権仮差押命令の申立書ですが、仮差押の対象となる債権が異なっています。

書式2は、A会社がBに対する売掛金債権の未払いを理由に、BがC銀行に持っている預金債権の仮差押を申し立てたという事例を基にしています。書式3は、DがE社に勤務する会社員Fの給料の仮差押をしたという事例を基にしています。書式4は、債権者が債務者に対する売掛金債権を保全するために、債務者が第三債務者に対してもつ売掛金債権について仮差押の申立てを行うケースです。

債権の仮差押は、仮差押を受けたBと会社員Fの社会的なマイナスイメージはかなり大きいといわざるをえません。特にBの場合、預金債権が仮差押を受けると、期限の利益（期限が到来するまでの間、債務を弁済しなくてもよいこと）を喪失してしまうので、以後銀行との取引は不可能となってしまうでしょう。

そこで、実務上は裁判所の方から、他に債務者が財産を持っていないかどうかを確認するために、債務者の不動産登記事項証明書などの提出を債権者に求めることがあります。

預金債権の債権仮差押命令申立書（書式2）

債権仮差押とは、債務者が第三者に対して持っている債権を仮に差し押さえることです。申立ての趣旨として、債務者の第三債務者（債務者に対して債務を負っている人）に対する債権を仮差押する旨を記載します。その上で、申立ての理由として、被保全債権と保全の必要性を記載します。被保全債権は、債務者に対する債権を契約内容に沿って記載していきます。保全の必要性は、仮差押をしなければ、債権回収に支障がでる旨を記載します。

・当事者目録（177ページ上段）

債権者と債務者の氏名、住所を記載します。その他に第三債務者の記載もします。

・請求債権目録（177ページ下段）

債務者に対する債権として、元金、利息、遅延損害金などを記載します。

・仮差押債権目録（178ページ）

債務者が第三債務者に対して持っている債権を記載します。仮差押の順序などを記載することがあります。

給与債権の債権仮差押命令申立書（書式3）

書式2の場合と基本的には同様です。申立ての趣旨として、債務者の第三債務者に対する債権を仮差押する旨を記載し、申立ての理由として、被保全債権と保全の必要性を記載します。

・当事者目録（181ページ）

債権者と債務者、第三債務者の記載をします。

・請求債権目録（182ページ上段）

書式3の事例では、請求債権は貸金債権であるため、金銭消費貸借契約の具体的内容を記載し、元金と遅延損害金の合計額を記載します。

・仮差押債権目録（182ページ下段）

書式3の事例では、仮差押債権は、債務者の第三債務者に対する給与債権です。仮差押債権目録には、仮差押をする債権の内容を記載します。給与や賞与については、原則として社会保険料などを除いた額の4分の1までしか、差押えの対象とすることが認められていないことは気をつけておく必要があるでしょう。なお、手取額が44万円を超える場合は、その手取額から一律33万円を差し引いた額を差し押さえることができます（182ページ図参照）。

売掛金債権の債権仮差押命令申立書（書式4）

申立書の表紙には、申立ての趣旨として、債務者の第三債務者に対する債権の仮差押をする旨を記載し、申立ての理由として、被保全債権と保全の必要性を記載します。

・当事者目録（185ページ上段）

債権者と債務者、第三債務者の記載をします。

・請求債権目録（185ページ中段）

書式4の事例では、請求債権は売掛金債権であるため、売買契約の内容を記載し、元金と遅延損害金の合計額を記載します。

・仮差押債権目録（185ページ下段）

書式4の事例では、仮差押債権は、債務者の第三債務者に対する売掛金債権です。仮差押債権目録には、仮差押の対象となる売掛金債権の範囲を「平成○年○月○日から平成○年○月○日の間に取得した売掛金債権のうち、支払期の早いものから」といった形で記載します。

■ 書式2～4の事例

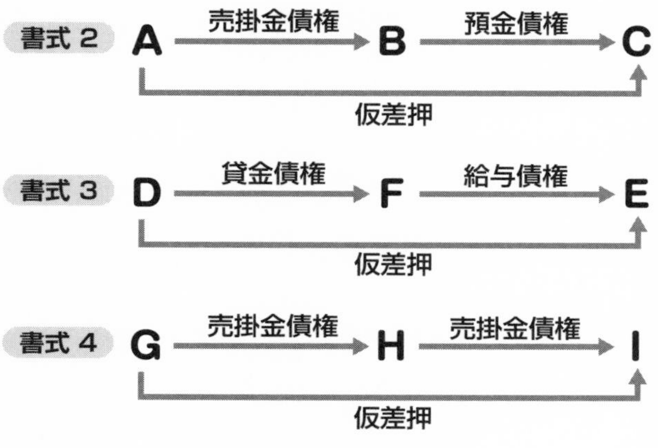

書式2　A —売掛金債権→ B —預金債権→ C
A —仮差押→ C

書式3　D —貸金債権→ F —給与債権→ E
D —仮差押→ E

書式4　G —売掛金債権→ H —売掛金債権→ I
G —仮差押→ I

書式2　債権仮差押命令申立書（預金債権の仮差押）……

債権仮差押命令申立書

令和○年○月○日

東京地方裁判所民事第９部　御中

債　権　者　　A　㊞
上記代表者代表取締役　Z　㊞

当事者の表示　　別紙当事者目録記載のとおり
請求債権の表示　別紙請求債権目録記載のとおり

申立ての趣旨

債権者の債務者に対する上記請求債権の執行を保全するため、債務者の第三債務者に対する別紙仮差押債権目録記載の債権は、仮に差し押さえる。
第三債務者は、債務者に対し、仮差押に係る債務の支払をしてはならない。
との裁判を求める。

申立ての理由

第１　被保全権利

１　債権者は、債務者に対し、平成30年９月30日、弁済期を翌年２月25日と定めて、パソコン用プリンターを売り渡した（本件契約）（甲１）。

２　債務者は、弁済期日の翌年２月25日が到来しても上記債務を履行しない。

３　よって、債権者は、債務者に対し、本件売買契約に基づき金500万円並びにこれに対する約定の利息及び損害金の売掛金請求権を有する。

第２　保全の必要性

１　債権者は上記１、３項の権利を実現するため、売掛金請求訴訟を御庁に提起すべく準備中である。

２　債務者は、債権者以外にも取引先に多額の債務があり、著しい債務超過状態に陥っている（甲５）。

３　債権者は、平成31年３月１日に支払いの催告書を通知し（甲４の１）、さらに、同年３月25日に内容証明郵便により上記売掛金の返済を請求したが、債務者からの連絡はなかった（甲４の２、３）。

４　債権者が調査したところ、債務者所有の不動産はない（甲２、甲３の各１、２）。また、本件契約には支払い債務の履行を連帯して保証する者はいない。

５　債務者には、第三債務者に対する預金債権しか見るべき資産はない（甲５）。しかし、これも現在の債務者の経営状況からすればいつ引き出されるかも分からない状況にあり、債権者が後日本案訴訟において勝訴判決を得ても、その執行が不能あるいは著しく困難となるおそれがあるので、執行保全のため、本申立てに及ぶ次第である。

疎　明　方　法

甲１の１	売買契約書
甲２の１	不動産登記事項証明書（丙川虎男所有土地）
２	同（丙川虎男所有建物）
甲３の１	固定資産税評価証明書（丙川虎男所有土地）
２	同（丙川虎男所有建物）
甲４の１	支払催告書
２	内容証明郵便
３	配達証明
甲５	報告書

添　付　書　類

甲号証	各１通
資格証明書	２通
陳述催告の申立書	１通

当　事　者　目　録

〒○○○－○○○○　東京都○○区○○町○丁目○番○号（送達場所）

債　　権　　者　A
上記代表者代表取締役　Z

電話○○－○○○○－○○○○
FAX ○○－○○○○－○○○○

〒○○○－○○○○　東京都○○区○○町○丁目○番○号

債　　務　　者　B

〒○○○－○○○○　東京都○○区○○町○丁目○番○号

第三債務者　株式会社C銀行
上記代表者代表取締役　K

（送達先）
〒○○○－○○○○　東京都○○区○○町○丁目○番○号
株式会社C銀行○○支店

請　求　債　権　目　録

金500万円
ただし、債権者が債務者に対し、平成30年９月30日付け売買契約に基づき、債権者が債務者に対して有する売掛金請求権と、平成30年９月30日から平成31年２月25日までの年○.○パーセントの割合による約定利息および平成31年２月26日から平成31年４月５日までの遅延損害金のうち元金部分の履行請求権

仮差押債権目録

金500万円

ただし、債務者が第三債務者（○○支店扱い）に対して有する下記預金債権のうち、下記に記載する順序に従い、頭書金額に満つるまで

記

1　差押えや仮差押のない預金とある預金とがあるときは、次の順序による。

（1）先行の差押えや仮差押のないもの

（2）先行の差押えや仮差押のあるもの

2　円貨建預金と外貨建預金があるときは、次の順序による。

（1）円貨建預金

（2）外貨建預金

ただし、仮差押命令が第三債務者に送達された時点における第三債務者の電信買相場（先物為替予約がある場合には、その予約相場）により換算した金額。

3　同一の通貨で数種の預金があるときは、次の順序による。

（1）定期預金

（2）定期積金

（3）通知預金

（4）貯蓄預金

（5）納税準備預金

（6）普通預金

（7）別段預金

（8）当座預金

4　同種の預金が数口あるときは、口座番号の若い順序による。

なお、口座番号が同一の預金が数口あるときは、預金に付せられた番号の若い順序による。

書式３　債権仮差押命令申立書（給与債権の仮差押）……

債権仮差押命令申立書

令和○年○月○日

東京地方裁判所民事第９部　御中

債　権　者　　D ㊞

当事者の表示　　別紙当事者目録記載のとおり
請求債権の表示　別紙請求債権目録記載のとおり

申立ての趣旨

債権者の債務者に対する上記請求債権の執行を保全するため、債務者の第三債務者に対する別紙仮差押債権目録記載の債権は、仮に差し押さえる。
第三債務者は、債務者に対し、仮差押に係る債務の支払をしてはならない。
との裁判を求める。

申立ての理由

第１　被保全権利

１　債権者は、債務者に対し、平成30年９月30日、弁済期を翌年２月25日、利息を年15パーセント、遅延損害金を20パーセントと定めて、金100万円を貸し付けた（本件契約）（甲１の１）。

２　債務者は、弁済期日の翌年２月25日が到来しても上記債務を履行しない。

３　よって、債権者は、債務者に対し、本件消費貸借契約に基づき金100万円並びにこれに対する約定の利息及び損害金の支払請求権を有する。

第２　保全の必要性

１　債権者は上記１、３項の権利を実現するため、貸金返還請求訴訟を御庁に提起すべく準備中である。

２　債務者は、債権者以外にも消費者金融数社から借り入れがあり、著しい債務超過状態に陥っている（甲５）。

３　債権者は、平成31年３月１日に支払いの催告書を通知し（甲４の１）、さらに、同年３月25日に内容証明郵便により上記貸金の返済を請求したが、債務者からの連絡はなかった（甲４の２、３）。

４　債権者が調査したところ、債務者の住居は借家であり、債務者所有の不動産はない（甲２の１、２、甲３の１、２）。また、訴外連帯保証人のＥにも支払いの催告書を通知したが（甲４の４）、現在行方不明のようである（甲５）。

５　債務者には、第三債務者に対する給与債権しか見るべき資産はない（甲５）。しかし、これも現在の債務者の生活状況からすればいつ消費されるかも分からない状況にあり、債権者が後日本案訴訟において勝訴判決を得ても、その執行が不能あるいは著しく困難となるおそれがあるので、執行保全のため、本申立てに及ぶ次第である。

疎　明　方　法

甲１の１	金銭消費貸借契約書
２	印鑑登録証明書（債務者のもの）
甲２の１	不動産登記事項証明書（丙川虎男所有土地）
２	同（丙川虎男所有建物）
甲３の１	固定資産税評価証明書（丙川虎男所有土地）
２	同（丙川虎男所有建物）
甲４の１	支払催告書
２	内容証明郵便
３	配達証明
４	支払催告書
甲５	報告書

添　付　書　類

甲号証	各１通
資格証明書	１通
陳述催告の申立書	１通

当　事　者　目　録

〒○○○－○○○○　東京都○○区○○町○丁目○番○号（送達場所）

債　　　権　　　者　D

電話○○－○○○○－○○○○
FAX ○○－○○○○－○○○○

〒○○○－○○○○　東京都○○区○○町○丁目○番○号

債　　務　　者　　F

〒○○○－○○○○　東京都○○区○○町○丁目○番○号

第三債務者　　株式会社E
上記代表者代表取締役　　L

（送達先）
〒○○○－○○○○　東京都○○区○○町○丁目○番○号
株式会社E○○支店

請　求　債　権　目　録

金○○○万○○○○円

ただし、債権者が債務者に対し、平成30年９月30日、弁済期平成31年２月25日、利息年15パーセント、遅延損害金20パーセントの約定で貸し渡した金100万円及びこれに対する平成31年２月26日から同年４月５日まで年20パーセントの割合による遅延損害金○○円の合計金

仮　差　押　債　権　目　録

金○○○万○○○○円

債務者（○○センター勤務）が本決定送達後令和○年○月○日までの間に(注)第三債務者から支給される

1　給料（基本給と諸手当、ただし通勤手当を除く）から給与所得税、住民税、社会保険料を控除した残額の４分の１
（ただし、前記残額が月額44万円を超えるときはその残額から33万円を控除した金額）

2　賞与から１と同じ税金等を控除した残額の４分の１
（ただし、前記残額が44万円を超えるときはその残額から33万円を控除した金額）
にして頭書金額に満つるまで

3　上記１及び２による金額が頭書金額に満たないうちに退職したときは退職金から所得税、住民税を控除した残額の４分の１につき頭書金額に満つるまで

（注）継続的に給付される債務の場合には、保全の必要性の観点から、本案訴訟の平均審理期間を考慮して１年間程度の期間に見合う金額を仮差押債権額とするのが実務の取扱いです。

書式４　債権仮差押命令申立書（売掛金債権の仮差押）…

債権仮差押命令申立書

令和○年○月○日

○○地方裁判所　御中

債権者　G

当事者　　別紙当事者目録に記載
請求債権　別紙請求債権目録に記載

申立ての趣旨

債権者の債務者に対する上記請求債権を保全するために、債務者の第三債務者に対する別紙仮差押債権目録記載の債権を仮に差し押える。

第三債務者は、債務者に対し、仮に差し押さえられた債務の支払いをしてはならない。

との裁判を求める。

申立ての理由

第１　被保全権利

１　（売買契約）

債権者と債務者は、平成30年10月31日に、債権者の所有していたテレビについて売買契約を締結した（甲１）。債権者から債務者へ、テレビは引き渡し済みである。

２　（催告）

債務者は、テレビの引き渡しを受けているにもかかわらず、債権者に対して売買代金を支払わない。債権者は債務者に対して、再三にわたって催告を行っているが、それでも債務者は支払おうとしない（甲２）。

３　（まとめ）

以上より、債権者は債務者に対して、別紙請求債権目録記載の売買代金債権○○円およびこれに対する遅延損害金の支払請求権を有する。

第２　保全の必要性

１　債務者が有する財産としては、債務者が第三債務者に対して有する売掛金債権しかめぼしいものがない（甲３）。そのため、債務者が第三債務者に対する債権を処分してしまうと、債務者の財産がほとんどなくなってしまう。

２　債権者は、債務者に対して、別紙請求債権目録記載の金員の支払いを求める訴訟提起の準備中である。

３　よって、今のうちに債務者が保有する売掛金債権を、仮差押しておかなければ、後日に本案訴訟において勝訴判決を得ても、その執行が不能もしくは著しく困難になるおそれがあるので、本申立てに及ぶ。

疎明方法

甲１　　売買契約書

甲２　　支払催告書

甲３　　報告書

添付書類

甲号証　　　各１通

当事者目録

〒○○○—○○○○　大阪府○○市○○町○丁目○番○号
債権者　G
電話番号　○○○－○○○－○○○○

〒○○○—○○○○　京都府○○市○○町○丁目○番○号
債務者　H

〒○○○—○○○○　兵庫県○○市○○町○丁目○番○号
第三債務者　I

請求債権目録

金○○円

債権者が債務者に対し、平成30年10月31日付け売買契約に基づき、債権者が債務者に対して有する売掛金請求権と、平成30年11月１日から現在までの年○.○パーセントの割合による遅延損害金

仮差押債権目録

金○○円

債務者が第三債務者に対して、平成30年11月１日から令和１年10月31日の間に取得した売掛金債権のうち、支払期の早いものから頭書金額に満つるまで

動産仮差押命令申立書の書き方

動産仮差押命令申立書作成の際の注意点

時計や宝石など、債務者所有の動産について仮差押を申し立てる場合、対象目的物を特定して申立書に記載することができるに越したことはありませんが、たとえ特定できなくても不都合はありません。なぜなら、動産の場合は、実際に債務者の元に足を運んで調べないとよくわからないことが多いからです。なお、債権を対象目的物とした場合は、その目的債権を必ず特定する必要があります。仮差押命令の申立てで目的物を特定しなくてもよいのは、動産の場合だけです。そのため、書式５では、動産を特定していないため物件目録を載せていません。目的物を特定して申し立てる場合は、物件目録にその旨を表示する必要があります。

・動産仮差押命令申立書

申立ての趣旨として、債務者のもっている動産を仮差押する旨を記載します。その上で、申立ての理由として、被保全権利と保全の必要性を記載します。被保全権利は、債務者に対する債権を契約内容に沿って記載していきます。保全の必要性は、仮差押をしなければ、債権回収に支障がでる旨を記載します。

・当事者目録（189ページ上段）

債権者と債務者の氏名、住所を記載します。

・請求債権目録（189ページ下段）

債務者に対する債権として、元金、利息、遅延損害金などを記載します。

書式５　動産仮差押命令申立書

動産仮差押命令申立書

令和○年○月○日

東京地方裁判所民事第９部　御中

債　権　者　　A ㊞

当事者の表示　　別紙当事者目録記載のとおり
請求債権の表示　別紙請求債権目録記載のとおり

申立ての趣旨

債権者の債務者に対する上記請求債権の執行を保全するため、別紙請求債権目録記載の債権額に満つるまで債務者所有の動産は、仮に差し押さえる。

との裁判を求める。

申立ての理由

第１　被保全権利

１　債権者は債務者に対し、平成30年９月30日、金800万円を、利息年７パーセント、弁済期平成31年２月25日の約定で貸し付けた（甲１）。

２　債務者は、上記弁済期を経過するも、その弁済をしない。

第２　保全の必要性

１　債務者は、申立外C商事株式会社に対する多額の手形債務に関し、D銀行から取引停止処分を受け、平成31年３月15日倒産した（甲２）。債務者は、動産以外見るべき財産を有していない上に、他にも相当の債務を負担しており、はなはだ窮乏の状態にある。しかも、債務者は申立日現在営業を完全に閉鎖してしまっており、動産の仮差押を受けたとしても、それによって重大な損害を被るおそれはない（甲３）。

2　債権者は債務者に対し、貸金請求の訴えを提起すべく準備中であるが、今のうちに仮差押をしておかなければ、後日勝訴判決を得てもその執行が不能に帰するおそれがある。

よって、上記債権の執行保全のため、本申立てに及ぶ次第である。

疎　明　方　法

甲１　　金銭消費貸借契約書
甲２　　銀行取引停止処分を受けた旨の証明書
甲３　　報告書

添　付　書　類

甲号証　　各１通
資格証明書　　１通

当　事　者　目　録

〒○○○－○○○○　東京都○○区○○町○丁目○番○号

債　　　権　　　者　A

電話　○○－○○○○－○○○○
FAX　○○－○○○○－○○○○

〒○○○－○○○○　東京都○○区○○町○丁目○番○号

債　　　務　　　者　B株式会社
上記代表者代表取締役　E

請　求　債　権　目　録

金800万円
　ただし、債権者が債務者に対し、平成30年９月30日金800万円を、利息年７パーセント、弁済期平成31年２月25日として貸し付けた貸金債権のうち元金部分の履行請求権

仮処分命令申立書の書き方

債務者を特定できる場合の書式作成の際の注意点

占有移転禁止仮処分命令の申立ては、債務者（貸借人）が建物を壊したり、あるいは、債務者が勝手に暴力団員などの第三者と転貸借契約を結んで占有させることを未然に防ぐ場合などに申し立てます。

申立方法としては、①債務者の占有は一切許さない、占有できるのは執行官のみである、②債務者の占有は許すが、第三者に移転してはならない（執行官も保管）、③債務者の占有は一切許さない、債務者に占有する権利はないので、債権者が占有する（執行官も保管）、という３つが考えられます。書式６は③の場合なので、①②についての記載上の注意点を述べておきましょう。

まず、①ですが、この場合は書式６のａを削除します。次に、②ですが、書式６のａを削除して、「執行官は債務者に上記建物の使用を許さなければならない」旨の一文をいれます。

債務者を特定できない場合の書式作成の際の注意点

書式６は、債務者以外の第三者にまだ占有が現実に移転していない場面を想定しています。しかし、書式７では素性のわからないだれかにすでに占有を移転させている場面だと考えてください。この場合、書式７に挙げているａｂｃの３点が書式６と記載内容が異なります。

まず、ａの「当事者の表示欄」についてですが、書式例の通り記載します。

ｂについては、明渡しを求める相手方が賃貸借契約を結んでいる債務者ではなく、全くの第三者である点に注意する必要があります。そこで、書式７は、書式６と異なり目的物返還請求権の根拠が賃貸借契約終了に基づく債権的返還請求権ではなく、所有権に基づく物権的返還請求権になります。

ｃについては、なぜ債務者を特定することができないのか、その事情につき、疎明ではなく「証明」しなければならない、とされています。ですから、「申立ての理由」の中で債務者を特定することができない理由について具体的事実を挙げながら詳細に記載しなければいけません。

また、書式７では占有者の男性３人から名刺を渡されていることから、その限度で債務者を特定できると言えなくもありません。このような場合は、書式７のように、特定された債務者と不特定の債務者に対して、１個の申立てをしていくことになります。

（処分禁止）仮処分命令申立書（不動産）作成の際の注意点

申立書の記載内容として考えられるのは、書式８の場合がほとんどだと考えておいてよいでしょう。この申立ては、現在占有している者（債務者）から、素性のわからぬ第三者に不動産が売却されてしまうのを未然に防ぐことを狙いとしています。申立てのポイントは、後の本案（建物収去土地明渡請求訴訟）で勝っても、立ち退きを命じるのが難しくなってしまうのだという必要性の疎明になります。

（処分禁止）仮処分命令申立書（債権）作成の際の注意点

債権者としては、債権を処分されてしまうと甚大な損害をこうむるおそれがあるという事実に力点を置いて記載する必要があります。書式９では、暴力団の準構成員である債務者Ｂが第三債務者であるアパートの賃借人から何ら権限がないにもかかわらず、賃料の取立てを行い、その賃料を上納金として納めてしまう可能性が高いことを保全の必要性として記載しています。

建物建築禁止仮処分命令申立書作成の際の注意点

国や地方自治体の行政行為や事実行為を、仮処分命令の申立てによって阻止することはできません。ただし、地方自治体の建築確認がなされた建物の建築に対して、仮処分命令が下りることはありえます。

その理由ですが、もし建築確認があったからといって、仮処分の申立てが一切認められないとすると、本案の訴訟が終わるまで工事の進行を止める一切の手立てが債権者にはないことになってしまいます。そうなると、数年後に勝訴判決を得たとしても、すでに建物が完成した後では債権者だけでなく、たとえば、取壊しを命じられた債務者の損失も大きくなってしまう可能性が考えられるからです。書式10は、日照の確保を求めた仮処分の申立てとなっています。保全の必要性の部分には、仮処分を行わなければ損害を受ける可能性があることなどを記載します。

なお、行政行為とは、国や地方自治体の行為のうち、国民に権利や義務を発生させる行為をいいます。たとえば、飲食店の営業許可や道路の通行禁止がこれにあたります。また、事実行為とは、国民の権利や義務に変動は生じさせないが、継続的に影響を及ぼす行為をいいます。たとえば、措置入院がこれにあたります。

（仮の地位を定める）仮処分命令申立書作成の際の注意点

書式11は、従業員としての地位保全と賃金仮払命令を申し立てているケースを想定しています。会社員が懲戒解雇されると、以後の再就職もままならず、収入面においても苦しい立場に追い込まれていくことは目に見えています。ですから、賃金保全の必要性を疎明していくことはそれほど難しいことではないでしょう。

そこで、書式の記載にあたり、力を入れたいのは、むしろ地位保全の方です。書式11では、当該従業員が優秀で、会社全体にとって不可欠の人材である点を強くアピールしています。

書式6　占有移転禁止仮処分命令申立書（債務者を特定できる場合）

占有移転禁止仮処分命令申立書

令和○年○月○日

東京地方裁判所民事第９部　御中

債権者　　A　㊞

当事者の表示　　別紙当事者目録記載のとおり
仮処分により保全すべき権利　建物明渡請求権

申立ての趣旨

a

債務者は、別紙物件目録記載の建物に対する占有を他人に移転し、又は占有名義を変更してはならない。
債務者は、上記建物の占有を解いて、これを執行官に引き渡さなければならない。
執行官は、上記建物を保管しなければならない。
執行官は、債権者に上記建物の使用を許さなければならない。
執行官は、債務者が上記建物の占有の移転又は占有名義の変更を禁止されていること及び執行官が上記建物を保管していることを公示しなければならない。
との裁判を求める。

申立ての理由

第１　被保全権利

1　平成28年９月30日、債権者は、債務者との間で別紙物件目録記載の建物（本件建物）につき賃貸借契約を締結し（本件契約）、同日貸し渡した（甲１、甲２、甲７）。
(1)　賃貸借期間　平成28年９月30日から令和１年９月30日まで
(2)　賃　　　料　１か月20万円
　　共　益　費　１か月４万円
(3)　賃料及び共益費の支払期限　　前月末日限り

2　ところが、債務者は平成30年３月分の本件建物の賃料及び共益費を遅滞し始め、同年12月分まで合計240万円を遅滞するに至った。このため、平成31年１月10日付通告書を以って、上記金額の支払を催告したものである（甲３、甲４の１）。

その後、同年２月10日及び３月10日に支払いの催告をしたが（甲４の２、３）、期限を徒過しても支払いをしない（甲８）。

そこで債権者は、平成31年３月25日、履行遅滞を理由に契約解除を申し入れ、債務者も了承した（甲５、甲６）。しかし、債務者は本日までに本件建物を明け渡さない。

３　よって、債権者は、債務者に対し、本件契約の終了に基づき、本件建物の明渡請求権を有する。

第２　保全の必要性

１　債権者は、上記第１、３項の権利を実現するため、建物明渡等請求訴訟を御庁に提起すべく準備中である。

２　債務者は、生活がかなり苦しいようで、このままでは、債務者が本件建物の占有を第三者に移転する可能性は極めて高い（甲８）。

そこで、仮に債権者らが上記１項の訴訟において勝訴の判決を得ても、その執行が不能又は著しく困難になるのは明らかなので、執行保全のために本申立てに及ぶ次第である。

疎　明　方　法

甲１		賃貸借契約書
甲２		建物登記事項証明書
甲３		帳簿
甲４の	１	支払催告書
	２	平成31年２月10日付け通告書、配達証明書
	３	平成31年３月10日付け通告書、配達証明書
甲５		誓約書
甲６		平成31年３月25日付け通告書、配達証明書
甲７		重要事項説明書
甲８		報告書

添　付　書　類

甲号証写し	各１通
評価証明書	１通

当　事　者　目　録

〒○○○－○○○○　東京都○○区○○町○丁目○番○号

債　　権　　者　　A

電話　○○－○○○○－○○○○
FAX　○○－○○○○－○○○○

〒○○○－○○○○　東京都○○区○○町○丁目○番○号
○○マンション○○○号室

債　　務　　者　　B

物　件　目　録

所　　在	東京都○○区○○町○丁目○番地
家屋番号	○○番
種　　類	共同住宅
構　　造	鉄筋コンクリート造陸屋根３階建
床 面 積	１階　○○○.○○平方メートル
	２階　○○○.○○平方メートル
	３階　○○○.○○平方メートル

のうち，○階部分○○○号室，約○○.○○平方メートル

書式７　占有移転禁止仮処分命令申立書（債務者不特定の場合）

占有移転禁止仮処分命令申立書

令和○年○月○日

東京地方裁判所民事第９部　御中

債権者　　A　㊞

a →当事者の表示　　別紙当事者目録記載のとおり（債務者不特定）
仮処分により保全すべき権利　所有権に基づく建物明渡請求権 ← b

申立ての趣旨

債務者は、別紙物件目録記載の建物に対する占有を他人に移転し、又は占有名義を変更してはならない。

債務者は、上記建物の占有を解いて、これを執行官に引き渡さなければならない。

執行官は、上記建物を保管しなければならない。

執行官は、債務者が上記建物の占有の移転又は占有名義の変更を禁止されていること及び執行官が上記建物を保管していることを公示しなければならない。

との裁判を求める

申立ての理由

第１　被保全権利

1　平成28年９月30日、債権者は、債務者との間で債権者が所有する別紙物件目録記載の建物（本件建物）につき賃貸借契約を締結し（本件契約）、同日貸し渡した（甲１、甲２、甲７）。

(1) 賃貸借期間　　平成28年９月30日から令和１年９月30日まで
(2) 賃　　　料　　１か月24万円
　　共　益　費　　１か月４万円
(3) 賃料及び共益費の支払期限　　前月末日限り

2　　ところが、債務者は平成30年３月分の本件建物の賃料を遅滞し始め、平成30年12月分まで合計240万円を遅滞するに至った。このため、平成31年１月10日付通告書を以って、上記金額の支払を催告したものである（甲３、甲４の１）。

その後、同年２月10日及び３月10日に支払いの催告をしたが（甲４の２、３）期限を徒過しても支払いをしない（甲８）。

そこで債権者は、平成31年３月25日、履行遅滞を理由に契約解除を申し入れ、債務者も了承した（甲５、６）。しかし、債務者は本日までに本件建物を明け渡さない。

3　よって、債権者は債務者に対し、本件契約の終了に基づき、本件建物の明渡請求権を有する。

C

4　平成31年４月１日、債権者は債務者に本件建物の明渡を直接催告するため、本件建物に赴いた。債権者が呼び鈴を押すと氏名不詳の男が応対に出たが、自分は債務者から留守番を頼まれているだけだと答えた。債権者はその男に対して、債務者はいつ戻るのか尋ねたところ、債務者は外国に商売に出たのでいつ帰ってくるかわからないとのことであった。また、その男は決して自分の名前を名乗ろうとはしなかった。翌日訪れた際にはその男はおらず、別の男３人がいたが、３人全員から名刺をもらうことができた。

しかし、またその翌日に訪れると、３人はおらず、別の男が応対に出たが、その男も決して自分の名前を言おうとしなかった。その約１時間後に債権者が本件建物周辺の居住者に本件建物の状況を尋ねたところ、ここ２週間の間何人かの男たちが入れ替わり立ち代わり出入りしているとのことであった（甲８）。なお、債務者の住民票は、本件建物所在地から移動していない（甲９）。

第２　保全の必要性

1　債権者は、上記第１、３項の権利を実現するため、建物明渡等請求訴訟を御庁に提起すべく準備中である。

2　しかし、賃借人の債務者は行方不明である上に、本件建物には複数の氏名不詳のものが出入りしているのであるから、今後も誰が占有するかわからない状況であるといえる。そうだとすれば、本件建物の占有が不特定の第三者に移転されるおそれは大きい。

3　上記おそれが現実化すれば、債権者らが上記１項の訴訟において勝訴の判決を得ても、その執行が不能又は著しく困難になるので、執行保全のために本申立てに及ぶ次第である。

疎明方法

甲１	賃貸借契約書
甲２	建物登記事項証明書
甲３	帳簿
甲４の　１	支払催告書
２	平成31年１月10日付け通告書、配達証明書
甲５	誓約書
甲６	平成31年３月25日付け通告書、配達証明書
甲７	重要事項説明書
甲８	報告書
甲９	住民票
甲１０	ブルーマップ写し

添　付　書　類

甲号証写し	各１通
評価証明書	１通

当　事　者　目　録

〒○○○－○○○○　東京都○○区○○町○丁目○番○号

債権者　A
電 話　　○○－○○○○－○○○○
FAX　　○○－○○○○－○○○○

〒○○○－○○○○　東京都○○区○○町○丁目○番○号

債務者　B
本件仮処分命令執行のときにおいて別紙物件目録記載の不動産を占有する者

物　件　目　録

所在	東京都○○区○○町○丁目○○番地
家屋番号	○○番
種類	共同住宅
構造	鉄筋コンクリート造陸屋根２階建
床面積	１階　○○.○○平方メートル ２階　○○.○○平方メートル

書式８　不動産仮処分命令申立書

不動産仮処分命令申立書

令和○年○月○日

東京地方裁判所民事第９部　御中

債　権　者　　A　㊞

当事者の表示　　　　　　　　別紙当事者目録記載のとおり
仮処分により保全すべき権利　　建物収去土地明渡請求権

申立ての趣旨

債務者は、別紙物件目録記載の建物について、譲渡並びに質権、抵当権及び賃借権の設定その他一切の処分をしてはならない。
との裁判を求める。

申立ての理由

第１　被保全権利

１　債権者の土地所有権
債権者は、下記土地の所有者である。
（甲１）。

記

(1)　所在　　東京都○○区○○町○丁目
地番　　○番○
地目　　宅地
地積　　○○○.○○平方メートル

２　賃貸借契約の成立等

(1) 債権者は、平成30年９月30日、本件土地を申立外丁山三郎に賃貸した（甲３、６）。
(2) 申立外丁山三郎は、本件土地上に別紙物件目録記載の建物（本件建物）を所有し居住していた（甲２、６）。

3　賃借権の無断譲渡

(1)　申立外丁山は、平成31年３月10日、債権者に無断で本件建物を債務者に贈与し、その旨の登記が同月31日完了された（甲２）。

(2)　本件土地は本件建物の敷地であるから、本件建物の上記譲渡に伴い本件土地賃借権も申立外丁山から債務者に譲渡されたものであるが、債権者は本件土地賃借権の譲渡について一切承諾を与えていない（甲５）。

なお、債権者は申立外丁山から本件建物譲渡の事実について全く報告を受けていなかった上、本件建物譲渡後はもとより、申立外丁山が行方不明となった平成31年４月１日以降も賃料は丁山名義で支払われており（甲４）、債権者は本件建物譲渡及び本件賃借権無断譲渡の事実を最近に至るまで全く知らなかった。

(3)　上記のとおり、申立外丁山から債務者への本件土地賃借権の譲渡は無断譲渡であるから、債務者は本件土地賃借権の譲受けを債権者に対抗しえない。

その結果、債務者は本件建物を所有し、そこに居住することにより、本件土地を不法に占有していることになる。

4　被保全権利のまとめ

よって、債権者は、債務者に対し、本件土地所有権に基づき建物収去土地明渡請求権を有している。

第２　保全の必要性

1　債権者は、債務者に対し、建物収去土地明渡請求訴訟を御庁に提起すべく準備中である。

2　しかるに、債務者の友人である暴力団員丙は本件建物を売却する画策を弄しており、不動産業者にその旨の仲介を依頼する等不審な行動をとっている。このため、上記暴力団員丙が債務者を代理して本件建物を処分するおそれは大きい（甲６）。上記のおそれが現実化すると、債権者が勝訴判決を得てもその執行が不能又は著しく困難になるので、本件建物収去土地明渡請求権を保全するため本申立てに及ぶ次第である。

疎　明　方　法

甲１	土地登記事項証明書
甲２	建物登記事項証明書
甲３	土地賃貸借契約証書
甲４	銀行預金通帳
甲５	内容証明郵便
甲６	報告書

添　付　書　類

甲号証	各１通
固定資産評価証明書	２通

当　事　者　目　録

〒○○○－○○○○　東京都○○区○○町○丁目○番○号

債権者　　　A

〒○○○－○○○○　東京都○○区○○町○丁目○番○号

債務者　　　B

物　件　目　録

所　　　在	東京都○○区○○町○丁目○○○番地
家　屋　番　号	○○○番
種　　　類	居宅
構　　　造	鉄筋鉄骨コンクリート造２階建
床　面　積	１階　○○.○○平方メートル
	２階　○○.○○平方メートル

書式９　債権仮処分命令申立書

債権仮処分命令申立書

令和○年○月○日

東京地方裁判所民事第９部　御中

債権者　　　株式会社　Ａ　㊞
上記代表者代表取締役　Ｚ　㊞

当事者の表示　　　別紙当事者目録記載のとおり
債権の表示　　　　別紙債権目録記載のとおり

申立ての趣旨

債務者は、第三債務者らから別紙債権目録記載の債権を取り立て、またはこれについて譲渡、質権の設定、その他一切の処分をしてはならない。
第三債務者らは、債務者らに対し、上記債務を支払ってはならない。
との裁判を求める。

申立ての理由

第１　被保全権利

１　債権者はアパートの賃貸業を肩書地にて営み、第三債務者である賃借人らに対し 別紙債権目録記載のとおり賃貸借契約をなし、賃料請求権を有する（甲１ないし５）。

第２　保全の必要性

１　ところが、債務者であるBは、アパートの所有名義を勝手にB名義に変更して第三債務者らから賃料を取り立てている（甲５、６、７）。Bは債権者からアパートの所有権を譲り受けたので賃料の取立ては正当である旨主張しているが、そのような事実はないので、令和１年８月25日、債務者に上記賃料の取立てをしないよう催告した（甲８）。しかし、全く聞き入れられることはなく、現在も第三債務者らから賃料を取り立てている（甲７、９）。

2　現在、債権者は上記アパートの所有権の確認等を求めるべく本案訴訟を準備中である（甲９）。

3　Bは指定暴力団の準構成員であり、毎月にわたり組織に上納金を納めなくてはならない立場に置かれている（甲９）。

4　このような債務者の状況からすれば、今後も取立て行為が続くことは明白であり、債権者が、後日の本案訴訟において勝訴判決を得てもその執行が不能ないし著しく困難となることは明白なので、本申立てに及ぶ次第である。

疎　明　方　法

甲１	商業登記事項証明書
甲２	決算書類
甲３	総勘定元帳
甲４	土地登記事項証明書
甲５	建物登記事項証明書
甲６	通知書
甲７	振込金受取書など
甲８	催告書
甲９	報告書

添　付　書　類

甲号証写し	各１通
資格証明書	１通
固定資産評価証明書	１通

当　事　者　目　録

〒○○○－○○○○　東京都○○区○○町○丁目○番○号

債　　権　　者　株式会社　A
代表者代表取締役　　　　　　Z
電話　○○－○○○○－○○○○
FAX　○○－○○○○－○○○○

〒○○○－○○○○　東京都○○区○○町○丁目○番○号

債　　務　　者　　B

〒○○○－○○○○　東京都○○区○○町○丁目○番○号

第　三　債　務　者　　C

〈以下、その他の第三債務者の記載について省略〉

債　　権　　目　　録

別紙物件目録記載の土地に所在するアパートにつき、令和１年５月分（同年６月末までの支払）以降の賃貸借契約に基づく賃料

記

第三債務者Ｃについての101号室の賃料月額金６万円

〈以下、その他の第三債務者に対する債権の記載について省略〉

物　件　目　録

1　所　　　　　在　　東京都○○区○○町○丁目
　　地　　　　　番　　○番
　　地　　　　　目　　宅地
　　地　　　　　積　　○○○.○○平方メートル

2　（一棟の建物の表示）
　　所　　　　　在　　東京都○○区○○町○丁目○番地○
　　構　　　　　造　　木造モルタル3階建
　　床　　面　　積　　1階　　　○○○.○○平方メートル
　　　　　　　　　　　2階　　　○○○.○○平方メートル
　　　　　　　　　　　3階　　　○○○.○○平方メートル

（1）（専有部分の建物の表示）
　　家　屋　番　号　　○番○
　　種　　　　　類　　共同住宅
　　構　　　　　造　　木造モルタル3階建
　　床　　面　　積　　1階　　　○○○.○○平方メートル
　　　　　　　　　　　2階　　　○○○.○○平方メートル
　　　　　　　　　　　3階　　　○○○.○○平方メートル

書式10　建物建築禁止仮処分命令申立書

建物建築禁止仮処分命令申立書

令和○年○月○日

東京地方裁判所民事第９部　御中

債権者　　A　㊞

当事者の表示　　別紙当事者目録記載のとおり
仮処分により保全すべき権利　　日照権

申立ての趣旨

債務者は、別紙物件目録記載の土地上に(本件土地)、建物(本件建物)を建築してはならない。
との裁判を求める。

申立ての理由

第１　被保全権利

１　債権者が居住している建物（債権者建物）は、一般住民が居住する居住用マンションであるから、日常生活を営んでいく上で日照の最低限の確保は不可欠である。また、本件土地周辺は、第１種低層住居専用地域であり（甲３）、一定の日照を確保する利益は一層大きい。しかるに、本件建物が計画通りに建築されると、債権者建物の南側は冬至日には午前９時から午後４時30分までの７時間30分日影にかかり（甲２、甲３）、日常生活に著しい障害を与えることになる。

２　本件建物の建築は計画の見直しが可能なので（甲３）、債務者が日照加害を避けることは十分可能であると思われる。

３　以上から、本件建物の完成によって債権者が受忍限度を超えて日照加害を受ける場合には、侵害に対して法的保護が与えられる。

第２　保全の必要性

１　債権者は、債務者を被告として、御庁に本件建物の建築工事禁止の訴訟を提起すべく準備中であるが、債務者においては、本件土地上に、今月中にも本件建物を建築着工する予定である（甲３）。

２　よって、直ちに申立ての趣旨記載のとおりの裁判を得なければ、後日に本案訴訟で勝訴判決を得ても著しい損害をこうむるので、本件日照権を保全するため本申立てに及ぶ次第である。

疎　明　方　法

甲１	通知書
甲２	写真撮影報告書
甲３	報告書

添　付　書　類

甲号証	各１通
固定資産評価証明書	１通
登記事項証明書	１通

当 事 者 目 録

〒○○○-○○○○　東京都○○区○○町○丁目○番○号

債　　権　　者　　A

電 話　○○－○○○○－○○○○
FAX　○○－○○○○－○○○○

〒○○○-○○○○　東京都○○区○○町○丁目○番○号

債　　務　　者　　B

物　　件　　目　　録

所	在	東京都○○区○○町○丁目
地	番	○○番
地	目	宅地
地	積	○○○.○○平方メートル

書式11　仮処分命令申立書（仮の地位を定める場合）…

仮処分命令申立書

令和○年○月○日

○○地方裁判所民事第○部　御中

債　権　者　　B　㊞

当事者の表示　　別紙当事者目録記載のとおり

地位保全等仮処分命令申立事件

申立ての趣旨

1　債権者が債務者に対し雇用契約上の権利を有する地位にあることを仮に定める。

2　債務者は債権者に対し、平成30年９月から本案の第１審判決言渡しに至るまで毎月25日限り、月額○○万円の割合による金員を仮に支払え。

との裁判を求める。

申立ての理由

第１　被保全権利

1　債務者

債務者はソフトウェアの開発、販売及びOA機器の販売などを事業内容とし、平成元年に設立以来、東京に本店（以下、本店）を置くほか、大阪、福岡に営業を置いている。本件申立て時点で債務者に在職する従業員数は185名である（甲１の１、２、３）。

2　債権者

債権者は平成26年４月に債務者に就職し、当初は福岡営業所に配置されたが、同年半年後の10月本店に転属し、平成30年９月の懲戒解雇が言い渡されるまで本店の営業部に勤めていた。営業マンとしての債権者の勤務実績は、甲３、甲４のとおり申し分がなく、その能力に疑いの余地はない。

3　債権者の組合活動

債権者は債務者への就職と同時期に、債務者の従業員で構成されている組合に加入するが、持ち前の巧みな弁舌から次第に頭角を現し、加入３年後の平成29年４月には副代表理事にまで上り詰めるに至った。組合発足以来これほどの短期間に能力を買われて役員まで昇進したのは債権者だけである。債権者は、在職期間中債務者に対して、組合役員の立場から賃金のアップや労働条件改善の要望などを積極的に申し入れるなど精力的な組合活動を行ってきた（甲３の１、２、３）。

4　平成30年９月２日、債務者は債権者の勤務態度不良などの理由を記した書面を債権者に提示して突然懲戒解雇を言い渡した（甲２）。ところが、懲戒解雇の理由として書面中に記された内容のすべては、債務者の誇張と捏造によるものである（甲５）。

5　債務者の懲戒解雇の言い渡しは、組合活動の中心的存在だった債権者を排除する目的でなされた暴挙である。甲３の１、２、３、甲４の１、２、３のとおり、債権者は営業マンとして過去債務者から３度表彰を受けるなど、優秀な成績を収めてきた。また、債権者にとって債務者の従業員としての地位が確保されることは、同人の生活基盤や名誉を守るために必要なことである。さらに、債務者にとっても、債権者のような優秀な人材を失うことは、経営戦略上大きな損失であろう。

以上から、申立ての趣旨記載の命令を得たく、本申立てに及んだ次第である。

疎明方法

甲１の１、２	債務者の会社案内パンフレット（平成30年版）
甲２	辞令
甲３の１、２、３	組合新聞
甲４の１、２、３	社内報
甲５	債権者陳述書

添付書類

1　甲号証写し	各１通
2　資格証明書	１通

6 当事者目録の作成

債権者および債務者の表示

当事者目録（書式12）とは、本件民事保全の登場人物を表示した書面のことで、申立書の一部として提出するものです。具体的には、債権者、債務者、第三債務者の氏名、住所などを記載した書面ということになります。以下、記載の際に特に注意しなければならない点を述べておきましょう。

まず、債権者と債務者の表示についてですが、個人の場合は、住民票記載の氏名、住所を記載します。法人の場合は、商業登記事項証明書の本店の住所、商号、代表者名を記載します。

被保全権利の発生以後に住所、商号などの変更があった場合は、保全手続をしやすくしておくという意味で、変更前の表示と現在の表示を併記した方がよい場合があります。

また、住所居所不定のものについては、記載の仕方が特殊ですので注意してください。

他には、法人でも自然人（生身の人間）でもない、たとえば、マンション管理組合のような権利能力のない社団も民事保全手続の当事者となることができることを知っておいてください。

代理人の表示

代理人は、通常、弁護士がなる場合が多いといえます。他には、ノンバンク系の会社によく見られますが、代表取締役の代理人として支配人（特定の営業所における営業のために選任され、会社からその営業に関する一切の裁判上・裁判外の行為をする権限を与えられた使用人のこと）を立てる場合があります。

なお、債権者が会社などの法人に対して申し立てる場合、代表者である代表取締役などが死亡している場合に注意してください。この場合は、特別代理人を選任してその者に対して申し立てていく方法が一般的です。

第三債務者の表示

記載内容については、単に氏名と住所を記載するだけなので難しくないのですが、国などの公共機関、団体の表示方法には注意する必要があります。

一般職国家公務員の給与を仮差押する場合、第三債務者は国になります。ただし、具体的な第三債務者は、当該公務員の所属官庁の担当官吏（資金前渡官吏）になるので、その者の氏名を所属官庁に問い合わせる必要が出てきます。

一般職地方公務員の場合は、都道府県から給与を受けている者と、市町村から給与を受けている者とで表示が変わってくるので注意してください。市の小学校教員の場合であれば、第三債務者は市ですが、たとえば、県立高校の教員の場合だと知事が相手になります。

■ 代理人の表示（支配人）

〒○○○—○○○○　○○県○○市○○１丁目１番１号
債権者　○○産業株式会社
代表者代表取締役　○○○○
代理人支配人　○○○○

書式12　当事者目録

当　事　者　目　録

〒○○○－○○○○　東京都○○区○○町○丁目○番○号（送達場所）

債　　　権　　　者　D
上記代表者代表取締役　　Z

電話○○－○○○○－○○○○
FAX ○○－○○○○－○○○○

〒○○○－○○○○　東京都○○区○○町○丁目○番○号

債　　務　　者　　F

〒○○○－○○○○　東京都○○区○○町○丁目○番○号

第三債務者　　株式会社Ｅ
上記代表者代表取締役　　G

（送達先）
〒○○○－○○○○　東京都○○区○○町○丁目○番○号
株式会社Ｅ○○支店

請求債権目録の作成

請求債権目録とは

請求債権とは、仮差押における債権者の被保全権利である金銭債権を指します。金銭債権とは、たとえば、貸金債権、売買代金債権、売掛金債権などいろいろありますが、一言でいうと「金を払え」と請求していく権利のことです。

請求債権目録というのは、どのような権利に基づいて債権者が債務者に対して「金を払え」と請求しているのかという、その請求の根拠と事実関係（これを請求原因事実といいます）について記載した書面のことをいいます。

もっとも、このような定義を読んだだけではわかりにくいと思います。そこで、この点については、説明よりも218ページの書式を見た方がわかりやすいかもしれません（書式13）。

218ページの売買代金の書式では、売主の債権者が買主の債務者に対して売買代金の請求をしていますが、その売買代金発生の根拠と事実関係を物語のように述べています。ところで、請求債権目録の方式には、このような請求発生原因事実を記載していく、言い換えると物語風に記載していく方式の他に、一文方式というのもあります（114ページの書式例など）。

一文方式というのは、売買代金の発生原因事実を一文で一気に書いていく方式のことですが、弁護士の中には、一文方式の方を好む人もいます。しかし、記載内容のわかりやすさという点では、請求原因事実に基づいた記載方式の方がよいかもしれません。

どんなことに注意して記載すればよいのか

請求債権目録作成の際のポイントですが、どの種類の請求債権（金銭債権）を、だれにいくら請求していくのかを明確に特定していくということに尽きます。貸金債権であれば、金銭消費貸借契約に基づいて発生したという法律上の根拠を記載するだけでなく、いつからいつまでのどの貸金で、利息や遅延損害金（返済期限までに支払わなかった場合に課されるペナルティのこと）はいくらなのかを特定して記載しなければならないということです（貸金債権の場合、利息や遅延損害金を利息制限法所定の利率に引き直して請求金額を特定していかなければならないので注意が必要です）。

特定の説明に戻りますが、たとえば、債権者が債務者に対して、甲債権1000万円と乙債権2000万円を持っていたとします。その場合、債権者が仮差押の申立てをする際に、甲乙どちらの債権を被保全権利として申し立て、金額がいくらかを特定しておかなければいけません。特定が不十分だと、執行官が何をどう具体的に執行していけばよいのかわからないからです。

また、請求債権が特定されていないと、裁判所としても仮差押解放金額を決めることができなくなるという不都合があります。

債務者が仮差押を解いてもらうには、仮差押命令を出した裁判所などの所在地を管轄する地方裁判所の管轄区域内の供託所に金銭を供託（28ページ）する必要がありますが、その金銭のことを仮差押解放金といいます。裁判所が仮差押命令を出す際には、仮差押解放金額を定めなければならないことになっていますが、請求債権が特定されていないと、その金額を決めることができなくなります。

さらに、仮差押対象物について、他の債権者が差押を申し立てていたり、仮差押目的物を第三者が譲り受けることもあるでしょう。そのような第三者らとの利害調整も必要になってくることから、請求債権については特定をすることが要求されることになるのです。

請求債権が特定されていれば、たとえば、甲債権1000万円のうち、その一部となる700万円だけを対象にするのもかまいません。

なお、債務者が複数いる場合、たとえば、主債務者と連帯保証人の２人に請求していく場合は、それぞれに請求債権額を特定していく必要があります。

他に、特定について問題になるものとしては、約束手形債権があります。この場合は、所持している手形が債権者本人のものであることが目録上も特定されていなければなりません。そこで、被裏書人欄に債権者の名前が出てくる箇所まで裏書の過程をすべて目録に記載する必要があります。

ただし、白地式裏書のように、被裏書人欄に債権者の名前が現れない手形については、被裏書人欄が白地の箇所まで目録に記載していくことになります。

■ 特定とは

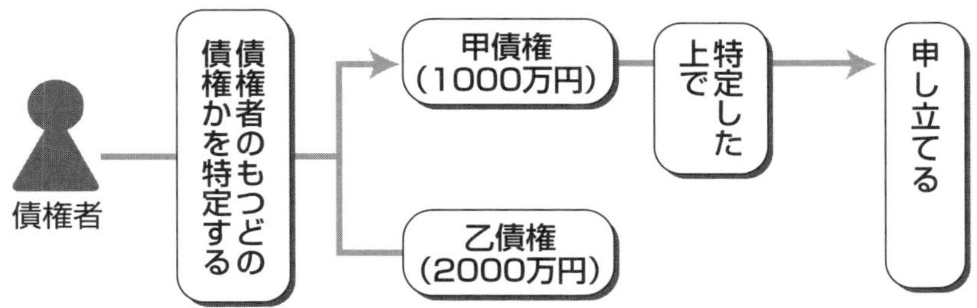

書式13　請求債権目録（請求原因方式）……………………

売買代金

請　求　債　権　目　録

金320万円

ただし、債権者の債務者に対する下記売買代金支払請求権の残金

1　債権者は、債務者に対し、平成30年11月20日に締結した売買取引基本契約に基づき、材木を債務者に売り渡し、債務者はこれを買い受けた。別紙取引一覧表記載の通り、代金合計額は500万円である。

2　債務者は、債権者に対し、現在までに上記売買代金のうち、令和１年11月７日に120万円を支払ったので、残金は320万円である。

貸金返還請求権

請　求　債　権　目　録

金500万円

ただし、債権者の債務者に対する下記貸金返還請求権の合計額

1　債権者は、債務者に対し、平成31年１月20日、以下の条件で金○○万円を貸付け、債務者はこれを受領した。

①　弁済期日　令和１年10月15日

②　利息　年８パーセント

③　遅延損害金　年15パーセント

2　債務者は弁済期日を過ぎても本件貸付金を支払わない。

3　令和１年12月20日現在、債権者の債務者に対する債権額は合計で500万円である。内訳は以下の通りである。

①　元本○○万円

②　貸付日の平成31年１月20日から弁済期日の令和１年10月15日までの間の利息年８パーセントの割合による利息○万円

③　弁済期日の翌日となる令和１年10月15日から申立期日となる同年12月20日までの年15パーセントの割合による遅延損害金額○○万円

物件目録・登記目録の作成

物件目録とは

物件目録（書式14,15）とは、仮差押、仮処分の対象目的物となる土地や建物がどのようなものかを表示した書面をいいます。物件目録を作成することによって、目的となる不動産を特定して、執行対象を明確にしていくことができるのです。

土地や建物の表示方法

基本的には、不動産登記事項証明書に記載されている内容（所在、地番など）を写して書いていけばよいということになります。なお、登記されていない、未登記の建物の場合には、「家屋番号（未登記）」と記載します。この場合は、後で裁判所書記官の職権で登記がなされることになります。

また、共有物件の場合は、書面中の一番下に持分を記載するのがよいでしょう。

マンションなど区分所有の場合

この場合は、一戸建ての建物などとは違い、表示方式も多少特殊なものになっています。

221ページの書式15の「一棟の建物の表示」という記載は、当該区分所有建物全体のことを指しています。その下の「専有部分の建物の表示」というのは、区分所有建物の中で、対象となっている具体的な建物を指します（書式例では301号室）。

その下の「敷地権の表示」や「附属建物の表示」も含めて、この箇所については、登記簿の記載内容をそのまま書き写していけばよいということになります。

登記目録とは

対象目的物が登録自動車の場合は、登録事項証明書の記載内容をそのまま記載していきます。他に、建設工事に使う建設機械についても、建設機械登記簿の記載内容通りに書き写していけばよいということになります。

なお、物件目録の他に登記目録（書式16）という目録があります。登記目録とは、対象目的物に抵当権や仮登記（将来の本登記に備えて、あらかじめ登記の順番を確保するためになされる登記）を設定している場合に作成する目録です。

書式14　物件目録

物　件　目　録

所　　　在	東京都○○区○○町○丁目
地　　　番	○○○番
地　　　目	宅地
地　　　積	○○○.○○平方メートル

所　　　在	東京都○○区○○町○丁目○番地
家 屋 番 号	○○○番○
種　　　類	居宅
構　　　造	木造亜鉛メッキ銅板ぶき２階建
床　面　積	１階　○○.○○平方メートル
	２階　○○.○○平方メートル

この共有持分２分の１

書式15　物件目録（区分所有建物）

物　件　目　録

（一棟の建物の表示）

所　　　　在	○○区○○町○丁目○番地○
建物の名称	○○○マンション

（専有部分の建物の表示）

家屋番号	○○町○丁目○○番○-○○
建物の名称	301号
種　　　　類	居宅
構　　　　造	鉄筋コンクリート造○階建
床　面　積	○階部分　○○.○○平方メートル

（敷地権の表示）

土地の符号	1
所在及び地番	○○区○○町○丁目○番○
地　　　　目	宅地
地　　　　積	○○○○.○○平方メートル
敷地権の種類	所有権
敷地権の割合	○○○○○○分の○○○○

（附属建物の表示）

符　　　　号	1
種　　　　類	車庫
構　　　　造	鉄筋コンクリート造○階建
床　面　積	○階部分　○○.○○平方メートル

書式16　登記目録

登　記　目　録

東京法務局○○出張所平成24年11月７日受付第○○○○号抵当権設定登記

原　　　因	平成24年11月５日金銭消費貸借同日設定
債　権　額	金３千万円
利　　　息	年７パーセント
損　害　金	年14パーセント
債　務　者	東京都○○区○○町○丁目○番○号　乙川次郎
抵当権者	東京都○○区○○町○○番○号　甲山太郎

仮差押債権目録の作成

特定に欠けると無効になる

債権の仮差押をする場合は、仮差押債権が、だれに対する、どのような債権であるのかなどを特定し、第三債務者がだれであるのかわかるようにしなければなりません。特定に欠けると、仮差押は無効になるので注意してください。

記載上の注意点

預金債権を仮差押する場合は、支店名まで記載します。また、預金が数種類あるときは、債務者に対するダメージをなるべく軽減していくという意味でも、書式17のような順序で記載するようにしましょう。

つまり、たとえば、当座預金の仮差押を一番に優先してしまうと、手形取引を行う債務者にとっては、後日大きな打撃になる可能性が出てくるでしょう。

各種代金債権についても、代金額まで特定することが要求されます。

書式17　仮差押債権目録

仮　差　押　債　権　目　録

金500万円

ただし、債務者が第三債務者（〇〇支店扱い）に対して有する下記預金債権のうち、下記に記載する順序に従い、頭書金額に満つるまで

記

1　差押えや仮差押のない預金とある預金とがあるときは、次の順序による。

（1）先行の差押えや仮差押のないもの

（2）先行の差押えや仮差押のあるもの

2　円貨建預金と外貨建預金があるときは、次の順序による。

（1）円貨建預金

（2）外貨建預金

ただし、仮差押命令が第三債務者に送達された時点における第三債務者の電信買相場（先物為替予約がある場合には、その予約相場）により換算した金額。

3　同一の通貨で数種の預金があるときは、次の順序による。

（1）定期預金

（2）定期積金

（3）通知預金

（4）貯蓄預金

（5）納税準備預金

（6）普通預金

（7）別段預金

（8）当座預金

4　同種の預金が数口あるときは、口座番号の若い順序による。

なお、口座番号が同一の預金が数口あるときは、預金に付せられた番号の若い順序による。

供託書の書き方や手続き

供託する場所はどこか

本章で説明していく「供託」とは、「担保の提供」という意味で使われます。供託場所は、法務局やその支局、出張所（供託所）などです。民事保全法では、担保提供を命じた裁判所または保全執行裁判所を管轄する地方裁判所の管轄区域内の供託所に担保を提供すると規定されています。もっとも、裁判所の許可を得て他の供託所を選択できる場合もあります（管外供託）。担保を提供した後は、その提供したという事実について担保決定をした裁判所に証明する必要があります。その証明方法ですが、供託書正本またはみなし供託書正本などに、それを１部コピーしたものを添付して裁判所に提出します。

供託書の記載方法

ここでは、書式例（書式18）に沿って、記載上の注意点を解説していきます。以下のＡからＩに沿って記載してみてください。

Ａ…申請年月日は現実に供託する日を記載します。

Ｂ…供託の場所は、前項で述べたとおりです。

Ｃ…住所、氏名は正確に記載します。第三者が供託をする場合は、備考欄に「第三者供託」と記載します。

Ｄ…債務者が法人などの場合、代表者の氏名を記載する必要はありません。債務者を特定しない不動産占有移転禁止仮処分の申立の場合は、「備考覧記載の不動産を占有する者」と記載します。

Ｅ…金額を書くときは、冒頭に「¥」をつけます。

Ｆ…「民事保全法14条１項」と記載します。管轄供託所以外の供託所に供託する場合は、備考欄に「民事保全法14条２項の許可による供託」と記載します。

G…支部に申請する場合は、支部名まで記載します。事件名も省略せずに事件番号から正確に記載します。

H…債権者は左に、債務者は右に○をつけます。

I…共同担保の場合はその旨を記載します。たとえば、債権者の共同担保の場合は、「債権者らの共同担保」、債務者が複数の場合は、「債務者らの共同担保」などと記載します。

第三者による供託書の書き方

第三者が供託する場合は、上申書と申請者の印鑑証明書（法人の場合は登記事項証明書）を提出します。ただし、第三者が代理人の場合は許可申請書のみの提出でよいとされています。

管外供託による供託書の書き方

債権者は、裁判所の許可を得て、管轄区域外の供託所に担保の提供をすることができます。民事保全法14条２項により、「管轄区域内の供託所に遅滞なく担保を提供することが困難な場合」に、裁判所の許可を得て、「裁判所が相当と認める地」に担保を提供することが可能です。

供託書の記載内容に誤記があるとき

供託所の記載内容に軽微な誤記がある場合は、供託日当日に記載の訂正を認めている供託所がほとんどです。しかし、住所、氏名、供託金額などの重要な部分に誤記がある場合には、供託者は裁判所に対して「不受理証明申請書」（書式19、228ページ）を提出して、供託書の訂正をしてもらう必要があります。

誤記の部分が多い場合は、供託書を書き直してはじめからやり直すことになります。すでに供託金を提供した場合は、錯誤（かん違い）を理由として供託金を取り戻すことができます。

書式18　金銭による供託の場合の供託書

供託書・OCR用
（裁判上の保証及び仮差押・仮処分解放金）

□字加入 □字削除　係員印　受付　調査　記録　頁 ／　（第2号様式 印供第32号）

申請年月日	令和　1　年　11　月　7　日
供託所の表示	東京法務局

供託者の住所氏名

住所
東京都○○区○○町○丁目○番○号

氏名・法人名等
株式会社あけぼの信販

代表者等又は代理人住所氏名
東京都○○区○○町○丁目○番○号
代表者代表取締役　あけぼの次郎

□別紙のとおり
ふたりめからは別紙継続用紙に記載してください。

被供託者の住所氏名

住所
東京都○○区○○町○丁目○番○号

氏名・法人名等
北野　海男

□別紙のとおり
ふたりめからは別紙継続用紙に記載してください。

供託金額	百	十	億	千	百	十	万	千	百	十	円
			¥	1	5	0	0	0	0	0	0

受理　㊞
年　月　日

↓濁点、半濁点は1マスを使用してください。

供託者カナ氏名：カフ゛シキカ゛イシャアケホ゛ノシンハ゜ン

法令条項：民事保全法第14条1項

裁判所の名称及び件名等：
東京地方　裁判所　　支部
令和1年（　ヨ　）第○○号債権仮差押命令申立事件

当事者：
供託者：□原告　□申請人　☑債権者
被供託者：□被告　□被申請人　☑債務者

供託の原因たる事実：
□訴訟費用の担保　□仮執行の担保　□仮執行を免れるための担保
□強制執行停止の保証　□強制執行取消の保証　□強制執行続行の保証
☑仮差押の保証　□仮差押取消の保証　□仮処分の保証　□仮処分取消の保証
□仮差押解放金　□仮処分解放金
□その他

備考

（注）1．供託金額の冒頭に¥記号を記入してください。なお、供託金額の訂正はできません。
2．本供託書は折り曲げないでください。

書式19　不受理証明申請書（受領書）

不受理証明申請書

収入印紙
150円

令和○年○月○日

東京地方裁判所民事第９部　御中

債権者代理人　○　○　○　○　㊞
債　権　者　○　○　○　○
債　務　者　○　○　○　○

上記当事者間の東京地方裁判所令和１年（ヨ）第○○号

□仮差押命令申立事件　　□仮処分命令申立事件
について、別紙供託書に
□被供託者の住所　　□被供託者の氏名　　□法令条項
□裁判所の名称及び件名等　　□当事者　　□供託の原因たる事実
□備考　　□
を
□
□
□
□民事保全法第14条第１項
□東京地方裁判所令和　　年（ヨ）第　　号　　命令申立事件
□７．　仮差押の保証　　□９．　仮処分の保証
と記載しなかったため、別紙供託書が御庁に受理されなかったことを証明してください。

受　領　書

上記証明書を受領しました

令和　　年　　月　　日

債権者代理人

東京地方裁判所民事第９部　御中

（注）　証明申請事項及び証明事項は、□にレ　　を付したものである。

支払保証委託契約の締結

支払保証委託契約を結ぶ

担保の提供は、供託所での提供の他に、銀行等との間で支払保証委託契約を結ぶという方法によることもできます。

この方法によって担保を立てる場合、担保決定をした裁判所に許可申立書（書式20、230ページ）を提出して許可を得なければなりません。

許可申立書には、支払保証委託契約の相手方を明確に示す必要があり、書式例では、銀行の所在地と名称を記載しています。

契約の相手方は、銀行、信用金庫、農村中央金庫、損害保険会社などです。これらの機関が相手の場合は、発令裁判所の管轄区域外の店舗でもよいとされています。ただし、裁判所によっては、なぜ管轄区域外での契約なのかについて債権者から説明を求めるために、上申書を提出させるところもあります。

■ 支払保証委託契約

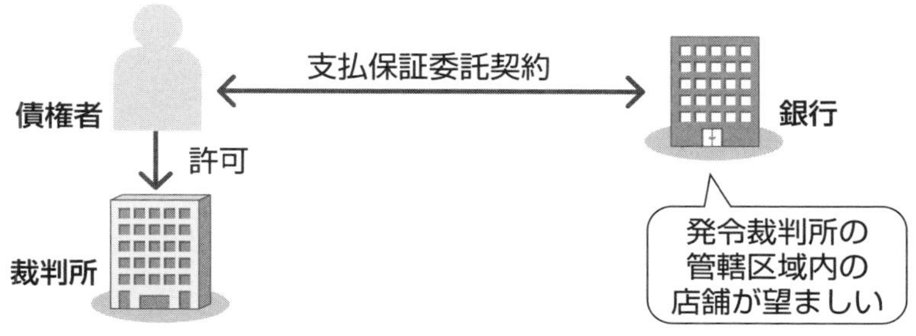

書式20　支払保証委託契約による立担保の許可申立書…

支払保証委託契約による立担保の許可申立書

令和○年○月○日

東京地方裁判所　御中

申請人代理人　弁護士　○　○　○　○　㊞
申請人（債権者）○　○　○　○
被申請人（債務者）○　○　○　○

上記当事者間の御庁令和１年（ヨ）第○○○○号債権仮差押命令申立事件について金○○万円の担保を立てることを命じられた。よって民事保全法第４条、民事保全規則第２条の規定により、上記担保を下記銀行と支払保証委託契約を締結する方法によって立てることの許可を求める。

記

所在地　東京都○○区○○○町○丁目○番○号
株式会社○○銀行　○○支店

上記申請を許可する。

令和　　年　月　日
東京地方裁判所
裁判官

これは謄本である。

同日同庁
裁判所書記官

債権仮差押の執行

執行方法について

債権の仮差押の執行は、決定正本が第三債務者に送達されたときに効力が生じます。効力が生じるということの具体的な意味は、「債務者に弁済するな」という処分禁止の命令を第三債務者が守らなければならなくなるということであり、これによって執行が完了することになります。

なお、債権の仮差押の執行を行うのは、強制管理の場合と異なり、仮差押命令を発令した裁判所になります。つまり、発令裁判所も執行裁判所も同一という扱いとなるので、債権者は仮差押執行の申立書をさらに提出する必要はありません。

第三債務者の転居などで仮差押命令が不送達になったとき

裁判所が第三債務者に決定正本を発送しても到達しない場合があります。たとえば、発送しても不在留置期間が満了して、裁判所に還付された場合がこれにあたります。この場合は、執行期間がすでに経過していることから、仮差押命令が失効すると考えるのが筋です。

しかし、これでは不送達に落ち度がない債権者に非常に酷です。そこで、この場合は、実務上、執行期間経過後に債権者に「再送達してほしい」旨の上申書を発令裁判所に提出してもらうことを条件に再送達をすることになります。

第三債務者に対する陳述催告の申立てとは

債権者にとって仮差押の対象となる目的債権は、債務者と第三債務者という他人間の権利関係の問題なので、基本的に債権者の関与することではありません。

そこで民事保全法は、裁判所が第三債務者に当該債権の存在や内容を確認することを義務付けました。それが「第三債務者に対する陳述催告の申立て」です。

裁判所書記官は、第三債務者に対して仮差押命令とともに、陳述催告書を送達しなければならないことになっています。陳述催告書とは、債権者が主張しているような目的債権が本当に存在するのか、存在するとしたらその内容はどうなっているのかなどについて、裁判所が第三債務者に確認を求める文書をいいます。

第三債務者は、催告に対する回答を記載した陳述書（書式21、236ページ）を２通裁判所に送付して、裁判所がそのうち１通を債権者に送付することになっています（ただし、一部の裁判所では、第三債務者の方から債権者に１通を直接送付する取扱いにしているところもあります）。

債権者は不誠実な第三債務者に損害賠償責任を追及できる

裁判所が第三債務者に対して催告に対する陳述書の回答を求めたのに、第三債務者が回答に応じない、または、ウソの陳述を行うということがあります。

その場合に、債権者は第三債務者の行為によって受けた損害を填補させるために、法的責任を追及することができる場合があります。

担保権付債権を仮差押する場合の注意点

ここでいう担保権とは、先取特権、質権、抵当権、仮登記の権利などのことです。担保権付債権とは、こうした権利がついている債権のことです。担保付債権を仮差押した場合、担保権にも仮差押の効力が及びます。ただし、その効力を第三者に対抗するためには、登記をしなければなりません。

そこで、この場合、債権者は237ページの「登記嘱託申立書」（書式22）を提出して登記の嘱託を申し立てる必要があります。

第三債務者に供託される場合がある

債権者が仮差押した目的債権に、他の債権者からも差押などがなされることがあります（これを競合といいます）。

このような差押の競合がなされると、全額を供託しなければならない場合があります。供託をした第三債務者は、執行裁判所などにその旨を届け出なければなりません。

ここで問題となるのは、目的債権に国や地方公共団体などが（以下、「国など」と記します）税金の滞納を理由に差押え（滞納処分）をしてきた場合との優劣関係です。

まず、目的債権に滞納処分による差押が先になされた場合はどうなるのでしょうか。このとき、国などの差押と債権者の仮差押の合計額が、目的債権を超えているとします。

■ 第三債務者に対する陳述催告の申立て

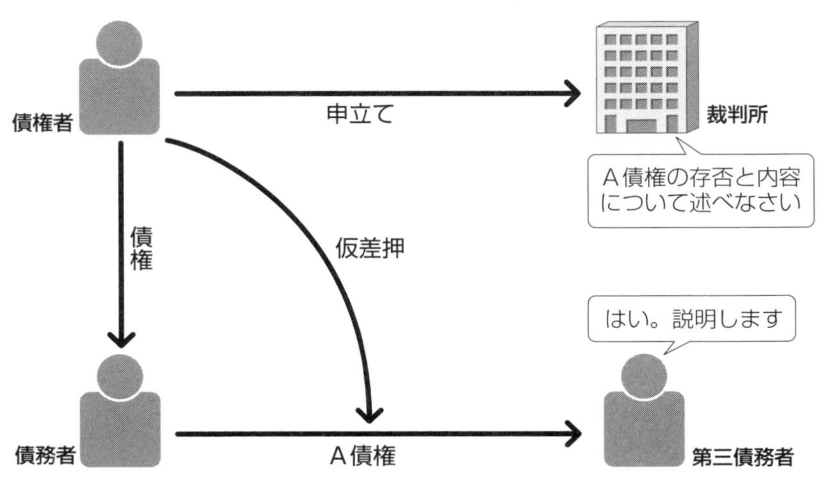

この場合は、仮差押債権者より国などが優先することになります。ただし、国などが目的債権の取立てを行使した結果、残余金が生じたときは、仮差押債権者のために、後日配当手続が行われることになっています。

仮差押が国などの差押よりも先になされた場合も、両者の合計額が当該目的債権額を上回るときに問題となります。そして、この場合も、国などの差押の方が仮差押債権者よりも優先し、残余金が生じたときは、上記と同様の処理になります。

仮差押ができない債権もある

民事保全法では、給料、賃金などについては、債務者の生活保護の観点から、仮差押できる範囲が制限されています。また、生活保護のように、国などから支給されている金銭については一切の差押が禁止されているものもあります。このように仮差押が制限されていたり、禁止されている債権を総称して仮差押禁止債権といいます。

給料を例に挙げて説明すると、４分の１までは仮差押することができます。逆に言うと、４分の３は仮差押することができないということになります。ただし、４分の３が月額33万円を超える金額については、その超えた額は仮差押することができるとされています。たとえば、債務者の月給が60万円の場合、４分の１に相当する15万円分は問題なく仮差押することができます。さらに、その４分の３に相当する金額は45万円ですが、33万円を超えた部分、つまり、12万円分は仮差押の禁止対象外です。その結果、15万円プラス12万円イコール27万円分を仮差押することができるということになります。

もっとも、債務者の中には、27万円も仮差押されたのでは生活が成り立たないという人もいるでしょう。そこでこの場合、債務者は執行裁判所に事情を説明して仮差押金額を減らしてもらったり、一部を取り消してもらうことができるとされています。

債務者からこのような申立てがなされると、後日、裁判所から債権者に「審尋書」などが送られ、債権者に意見を聞くという手続がとられることになります。

債権者から仮差押金額の拡張を申し立てることができる

以上に説明してきた内容とは逆に、債権者の方から仮差押禁止債権の仮差押禁止範囲を減らすように申し立てることができます。

たとえば、債権者が病弱であまり働くことができず、給料も毎月わずかしかもらっていないという事情があるとします。

一方、債務者は月給100万円を受け取っている上に、退職金額も5000万円が見込まれているという事情があるとします。この場合、一般的には、退職金の半分を仮差押しても債務者にとってあまり大きな痛手にはならないのではないかと考えることができます。そこで、このような場合、債権者は仮差押禁止債権の範囲減縮を求める裁判を求めることができるとされているのです。

■ 給料と仮差押

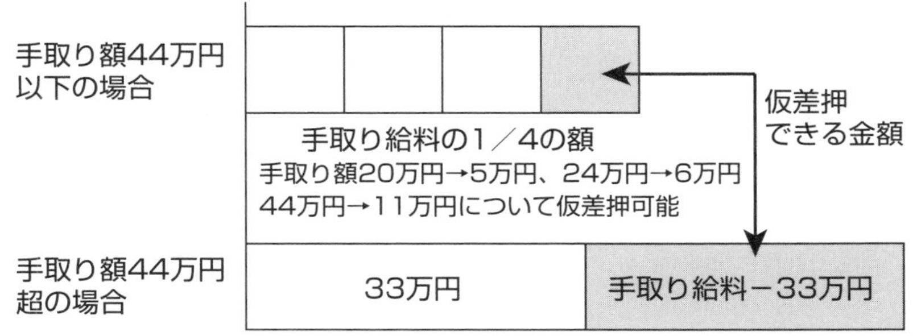

手取額が44万円を超える場合は、その手取額から一律33万円を差し引いた額の仮差押をすることができる。つまり、33万円を債務者のもとに残せば、その残りはすべて仮差押をすることができる。

 書式21　陳述書

令和○年（ヨ）第○○○号

陳　述　書

令 和 ○ 年 ○ 月 ○ 日

東京地方裁判所民事第９部御中

第三債務者　両山貿易株式会社
総務部長某山夏夫　㊞

下記のとおり陳述します。

１　仮差押に係る債権の存否	ある		ない
２　仮差押債権の種類及び額 （金銭債権以外の債権は、その内容）	給料債権		
３　弁済の意思の有無	ある		ない
４　弁済する範囲又は弁済しない理由	月給60万円のうち毎月27万円		
５　仮差押債権について、仮差押債権者に優先する権利を有する者（例えば、質権者）がある場合の記入欄	優先権利者の住所、氏名		
	その権利の種類及び優先する範囲（金額）		

６　他の仮差押（滞納処分又はその例による差押えを含む。） 仮差押 仮処分	執行裁判所等 事件番号	債権者の住所、氏名	差押え等の送達年月日	差押え等の執行された範囲（金額）
	東京地方裁判所 (ヲ)○○○号	東京都中央区日本橋 ○－○－○ あけぼの信販株式会社	令和○年 ○月○日	月給60万円 のうち毎月 27万円
	東京地方裁判所 (ヲ)○○○号	東京都新宿区○○町 ○－○－○ コラム株式会社	令和○年 ○月○日	月給60万円 のうち毎月 27万円

(注)（１）１の欄で「ある」と陳述したときだけ２以下の欄を記入してください。
（２）２については、現存債権について記入するもので、命令正本記載の債権をそのまま記入するものではありません。
（３）５および６の欄には、すでに取り下げ又は取消しのあったものについては記入する必要はありません。
（４）この陳述書に記入しきれないときは、適宜の用紙を使用して横書きで記載してください。

書式22　登記嘱託申立書

令和○年（ヨ）第○○○号

登記嘱託申立書

令和○年○月○日

○○地方裁判所民事第○部　御中

債権者代理人弁護士　○　○　○　○　㊞
債権者　　　　　　○○ 産業株式会社
債務者　　　　　　○○ 商業株式会社
第三債務者　　　　○○ 産業株式会社

上記当事者間の御庁令和○年（ヨ）第○○○号債権（抵当権付）仮差押命令申立事件につきなされた決定に基づき、債務者が第三債務者に対して有する仮差押債権を被担保債権とする別紙物件目録記載の不動産に設定された抵当権について、仮に差し押さえる旨の登記を嘱託されたく申し立てます。

不動産の処分禁止仮処分の執行

不動産の処分禁止仮処分の執行

不動産の処分禁止仮処分とは、債権者の立場で言うと、債務者に対して「あなたの土地または建物を売るな（所有権や占有を移転するな)」という命令を申し立てることをいいます。

不動産についての処分禁止仮処分の執行は、処分禁止の登記をする方法によります。具体的には、執行裁判所の裁判所書記官が「登記嘱託書兼登記原因証明書」を作成して、登記所（法務局）に登記嘱託を行うことになります。

債権者にはどのような権利が与えられるか

処分禁止の登記がなされると、それ以後、債務者が当該不動産を譲渡（処分）しても仮処分債権者に対抗することができなくなります。

つまり、たとえその後に第三者が何らかの権利を取得して登記を設定しても、仮処分債権者はその第三者の登記を単独で抹消することができるのです。

保全仮登記を更正する場合がある

不動産に関する所有権以外の権利の保存、設定、変更については、処分禁止の登記をするとともに保全仮登記をする方法により行います。

保全仮登記を行うことにより、将来の本案訴訟で勝訴したときに、保全仮登記に基づく本登記を求めることができるようになるのです。

本登記をするには、保全仮登記に表示された権利内容と本案（民事保全の申立ての後に民事訴訟で争っていく事件のこと）で勝訴した際に表示された権利の内容が一致していなければなりません。

ところが、保全手続というのは、通常、緊急に（拙速に）行われやすいことから、申立書面の表示を誤って記載してしまう場合があります。そうなると、将来せっかく本案で勝訴判決を得ても本登記を求めることができなくなってしまいます。

そこで、この場合、両者の表示によほど大きなずれがない限り、債権者は、「更正決定申立書」（書式23、240ページ）を提出して、仮処分命令の権利の表示を更正することができるとされています。

建物収去土地明渡請求権保全のための処分禁止仮処分の執行

建物収去土地明渡請求権保全のための処分禁止の仮処分とは、債権者の立場で言うと、債権者が債務者に対して、「建物を壊して出て行けという権利を自分は確保（保全）しておきたいから、建物はもうだれかに売るな」という命令の申立てをいいます。処分禁止仮処分の執行は、処分禁止の登記をする方法により行います。

処分禁止仮処分の登記がなされると、以後、債務者が建物を第三者に売却（処分）しても、債権者にとってはたいした問題ではありません。なぜなら、債権者は民事執行法に基づいて、建物を譲渡された第三者に対して「建物を壊して出て行け」という内容の強制執行を申し立てることができるからです。

書式23　更正決定申立書

更正決定申立書

令和１年11月７日

○○地方裁判所民事第○部　御中

債権者代理人　○　○　○　○　㊞
債権者　○　○　○　○
債務者　○　○　○　○

上記当事者間の令和１年（ヨ）第○○○○号不動産仮処分命令申立事件について、令和１年11月５日御庁がされた仮処分決定に基づく保全仮登記に係る権利の表示は、御庁令和１年（ワ）第○○○○号抵当権設定登記手続請求事件において上記保全仮登記に基づく本登記をすべき旨の判決がなされたところ、上記判決における権利の表示と符合しないので次のとおり更正決定をされたく、この申立てをします。

申立ての趣旨

原決定の登記目録を、別紙登記目録記載のとおり更正する。
との裁判を求める。

添付書類

1　判決正本
2　判決確定証明書

不服申立ての方法

保全異議と保全取消しについて

保全命令を発した裁判所に対して当事者に認められている不服申立て方法としては、①保全異議、②保全取消し、③保全抗告があります。債権者の立場から、それぞれの手続について見ていきましょう。

保全異議と保全取消しについて

まず保全異議と保全取消しですが、これらは保全命令の申立てを認容した裁判所に対して、債務者が「この保全命令は納得できないので取り消してくれ」と裁判所に書面で申し立てる手続をいいます。債務者のための不服申立手続なので、債権者が細かい手続内容を知っておく必要はありません。

ただし、保全取消しには、本案の訴えの不提起などによる保全取消し、事情の変更による保全取消し、特別の事情による保全取消しの３種類があるという程度のことは知っておいたほうがよいでしょう。債務者が何を理由に保全取消しを申し立てているのかを債権者は知っておく必要があるからです。

以下では、３種類の取消事由について説明をしていきましょう。

①　本案の訴えの不提起などによる保全取消しについて

保全命令の発令後、債権者は自ら進んで本案訴訟を提起しなければなりません。そのまま放置していると、債務者の申立てに基づいて本案の訴えの起訴命令が裁判所から発せられてしまいます。

起訴命令とは、裁判所が債権者に対して、一定の期間内（２週間以上）に本案の訴えを提起するように命令して、所定の書面を提出させることを求める手続のことです。債権者が所定の期間内に書面を提出しないと、債務者の申立てにより、保全命令は取り消されることになります。

② 事情の変更による保全取消し

保全命令の発令後に、債務者が債権者に弁済して借金がなくなった場合などがこれにあたります。この場合は保全異議を申し立てることもできるので、債務者は保全取消しと保全異議のいずれかを選択して申し立てることが認められています。

③ 特別の事情による保全取消し

仮処分がなされると債務者の損害が大きくなってしまうという「特別の事情」がある場合に、債務者が担保を立てることを条件に命令を取り消す場合をいいます。

保全抗告について

保全異議または保全取消しの申立てについての裁判に不服がある「債権者または債務者」が申し立てる手続です。保全抗告の申立ては、上記申立てについての裁判を行った裁判所に書面で行う必要があります。保全抗告も、口頭弁論または当事者双方が立ち会うことができる審尋の期日を経なければならないとされています。

なお、保全抗告の審理も決定手続によって行われます。

原状回復の裁判について

以上に述べた保全異議、保全取消し、保全抗告の裁判で仮処分が取り消された後はどうなるのでしょうか。

民事保全法は、裁判所は仮処分を取り消した場合に、債権者に対して原状回復を命ずることができると規定しています。

不服申立てに関わる書式の作成上の注意点

書式の作成にあたっては以下のポイントに注意します。

・**保全異議申立書（書式24）**

保全異議申立書では、申立ての趣旨の中で、仮差押決定を取り消し、仮差押命令の申立ての却下を求めます。また、債権者は、被保全債権の存在と保全の必要性を根拠にして仮差押を求めてきます。債務者は、これとは逆に、被保全債権が存在しないことと、保全の必要性がないことを理由に、仮差押を行うべきではないことを主張します。さらに、自分の主張に根拠があることを示す証拠にどのようなものがあるかについても記載します。

・**保全取消申立書（書式25）**

保全取消申立書には、まず、申立ての趣旨の部分で仮差押決定の取消しを求める旨を記載します。

次に、その申立ての理由を記載します。仮差押決定の後に本案の訴えを提起しなければ仮差押決定を取り消すことができるので、その旨を申立ての理由の部分に記載します。また、仮差押決定正本など、申立ての理由の中身を示す証拠についても記載します。

・**保全抗告申立書（書式26）**

保全抗告申立書には、まず、どの事件に対して異議があるのかについて記載します。抗告の趣旨の部分では、申立人がどのような決定を求めるのかについて明確にする必要があります。

相手方に費用負担を求める場合には、その旨を記載します。

■ 保全取消しについて

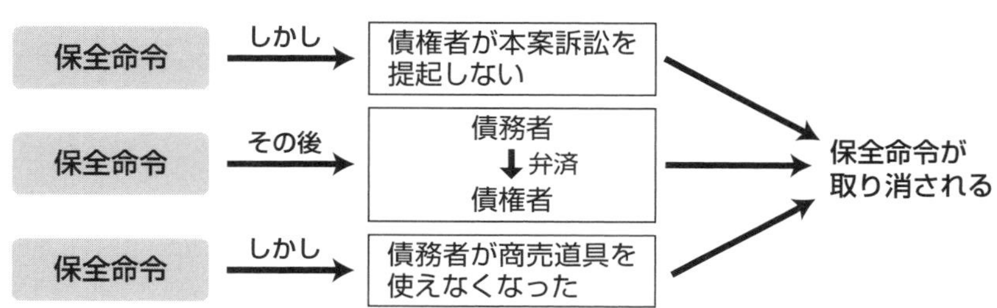

書式24　保全異議申立書

保全異議申立書

令和１年11月７日

東京地方裁判所　民事第９部　御中

債務者　某山三郎　㊞

当事者の表示　別紙当事者目録記載のとおり

申立ての趣旨

1　債権者と債務者の東京地方裁判所令和１年（ヨ）第○○○号不動産仮差押申立事件について、同裁判所が令和１年11月５日にした仮差押決定を取り消す。

2　債権者の上記不動産仮差押命令の申立を却下する。

3　申立費用は債権者の負担とする。

との裁判を求める。

申立ての理由

第１　被保全権利の不存在

1　債権者の主張は、債権者が丙山四郎に対して令和１年８月22日に金200万円を貸し付けると共に、債務者が丙山四郎のために債務者所有の建物に抵当権を設定したというものだが、その疎明として建物登記事項証明書（甲１の１、２）を提出している。

2　しかし、債務者は丙山四郎のために物上保証人となった事実はない。債権者が提出した甲１の１、２は何者かによって偽造されたものである。

第２　保全の必要性

債権者は、債務者のめぼしい財産は債務者名義の建物しかないと主張している。しかし、債務者は１千万円ほどの銀行預金と500万円のゴルフ会員権をもっていることから、この点の債権者の主張も誤っている（乙２の１、２）。

第３　したがって、本件仮差押決定は、被保全権利も必要性も認められないから、直ちに取り消されるべきである。

疎明方法

1　乙１　　　令和１年10月31日付け建物登記事項証明書

乙２の１　銀行預金通帳

　　　２　ゴルフ会員権

添付書類

乙号証　　各1通

書式25　本案訴訟の不提起等による保全取消申立書……

本案訴訟の不提起等による保全取消申立書

令和１年11月７日

○○地方裁判所民事第○部　御中

申立人代理人弁護士　○○○○㊞

当事者の表示　別紙当事者目録記載のとおり

申立ての趣旨

○○地方裁判所が、同裁判所令和１年（ヨ）第○○○号仮差押命令申立事件について、令和１年10月15日にした仮差押決定は、これを取り消す。
申立費用は被申立人の負担とする。
との決定を求める。

申立ての理由

1　○○地方裁判所は、被申立人の申立てにより、同裁判所平成24年（ヨ）第○○○号仮差押命令申立事件について、令和１年９月３日申立人に対し、仮差押決定をした（甲１）。
2　申立人は、○○地方裁判所に対し、同裁判所令和１年（モ）第○○○号の起訴命令の申立てをしたところ、同裁判所は、被申立人に対し、まだ本案の訴えを提起していない場合は、これを管轄裁判所に提起すると共に、その提起を証する書面を、既に本案の訴えを提起している場合は、この決定送達の日以降におけるその係属を証する書面を、当該決定送達の日から１か月以内に、○○地方裁判所に提出しなければならない旨の決定を発し、前記決定は、被申立人に対し、令和１年９月６日に送達された（甲２、３）。
3　しかしながら、被申立人は前記期間内に、本案の訴えの提起を証する書面を提出していないため、民事保全法37条により、前記仮差押決定の取消しを求めるため、本申立てに及んだ。

疎 明 資 料

1　甲１　　　仮差押決定正本
2　甲２　　　起訴命令の決定正本
3　甲３　　　送達証明書

添 付 書 類

1　疎明資料　　各１通
2　訴訟委任状　　１通

書式26　保全抗告申立書

保全抗告申立書

令和１年11月７日

東京高等裁判所　御中

抗告人代理人弁護士　○　○　○　○　㊞

当事者の表示 別紙当事者目録記載のとおり

上記当事者間の令和１年（モ）第○○○号保全異議申立事件について、東京地方裁判所が令和１年11月５日にした決定に対し、不服があるので、保全抗告の申立てをする。

抗告の趣旨

１　原決定を取り消す。
２　東京地方裁判所令和１年（ヨ）第○○○号不動産仮処分命令申立事件について、同裁判所が令和１年10月31日にした仮処分決定を認可する。
３　申立費用は、原審、抗告審共に相手方の負担とする。
との決定を求める。

執行取消しの手続

保全執行が取り消される場合は

裁判所が執行を取り消すのは、①債権者または債務者の申立てがあった場合、②第三者の申立てがあった場合、③債務者の破産管財人の申出があった場合です。以下、順に見ていきましょう。

①　債権者または債務者の申立てがあった場合

・債権者の申立てがあった場合

裁判所の保全執行手続を止めたい債権者は、保全命令の申立を取り下げることによってその進行を止めることができます。発令裁判所が保全執行機関の場合は、保全命令申立取下書（書式27、249ページ）を提出すれば、保全執行申立ての取下げもなされたとみなされます。この場合は別に保全執行申立取下書を提出する必要はありません。なお、保全命令申立取下書とともに債権者が提出しなければならない書類は数多くあります。

以下に挙げたのは、不動産の仮差押の場合で抹消登記が必要なときの添付書類です。それ以外のケースで取り下げる場合は、申立先裁判所に添付書類を確認してください。

・保全命令申立取下書

正本１通（当事者目録、物件目録も添付する）

副本×債務者の数

・登記権利者義務者目録（登記所用）

法務局１か所につき３通（債権者が登記義務者、債務者が登記権利者になります）

・物件目録（登記所用）…法務局１か所につき３通

・予納郵券…登記所１か所につき519円×１組と529円×１組、債務者

の数×84円（取下書の枚数が４枚以上の場合は94円）円
・登録免許税（収入印紙）…物件１個（マンションにつき敷地権は１個と数える）につき1000円。ただし、物件が登記所１か所につき20筆以上の場合については定額20000円。
・不動産登記事項証明書（保全処分発令後３年を経過した事件及び登記に変更がある場合に必要）
・債務者の申立てによる場合

債務者は、解放金（保全執行を取り消してもらうために必要となる金銭）を供託して執行の取消しを求めることができます。この場合、債務者は、解放金を発令裁判所または執行裁判所を管轄する地方裁判所の管轄区域内の供託所に供託します。その後、供託書とその写しを添付し、申立書を執行裁判所に提供します。また、保全異議や保全取消しなどの決定において、裁判所は、保全執行を続行するための条件として債権者に対して一定の期間内（担保提供期間の末日から１週間）に、追加担保を提供するように命じることができます。

ところが、債権者がその期間内に必要な手続を怠った場合は、債務者の申立てによって、裁判所は執行処分を取り消さなければならないとされているので注意してください。

②　第三者の申立てがあった場合

たとえば、債権者Ａが債務者Ｂの動産に処分禁止の仮処分を申し立てたが、その動産の所有者はＢではなく、本件に全く関係のない第三者Ｃの物だったとします。このときＣは、いわれなき保全執行から自己の財産を守るために、第三者異議の訴えを起こすことができます。

Ｃがこの裁判で勝訴した後に、判決正本（執行取消文書）を提出すると、裁判所は執行取消決定をして、その旨当事者双方に告知することになっています。

③　債務者の破産管財人の申出があった場合

債務者が破産すると、保全執行は当然に効力を失います。しかし、債務者が破産したかどうかは、債権者にはわかりません。そこで、債務者の破産後に債権者が不必要な手続を進めていくことがないように、裁判所から当事者に破産の事実を告知するように、破産管財人が裁判所に上申書を提出するのが実務上の流れになっています。

書式27　保全命令申立取下書

令和○年（ヨ）第○○○○号不動産仮差押（仮処分）命令申立事件

取　　下　　書

令和○年○月○日

東京地方裁判所民事第９部　御中

債権者　○○○○㊞

当事者の表示 別紙当事者目録のとおり
物件目録の表示 別紙物件目録のとおり

上記当事者間の頭書事件については、債権者の都合により別紙物件目録記載の物件につき、申立ての全部を取り下げます。

16 担保の取戻し

供託した担保を取り戻す

債権者が保全命令を申し立てるには、担保を提供する必要があります。担保の返還方法には、発令裁判所の担保取消決定を得る方法と担保取戻しの許可を受ける方法があります。以下、順に説明していきましょう。

担保取消決定を得る方法

①　担保の事由が消滅した場合

債権者が保全命令の申立ての際に担保を提供しなければならない理由は、違法な保全命令または保全執行の結果、損害をこうむった債務者にその損害をてん補するためです。

そうだとすれば、担保権利者（ここでは債務者を指します）の損害の発生が将来にわたってなくなったのではないかと考えられる場合には、債権者に取消しを認めてもよいでしょう。具体的には、被担保債権が消滅した場合、つまり、債権者の勝訴判決が確定した場合や、訴訟上の和解が成立した場合などを挙げることができます。

②　担保権利者（債務者）の同意がある場合

担保権利者が担保提供者の取消しに同意したということは、担保権を放棄したということです。そこで、この場合も担保の取消原因となります。

③　権利行使の催告による場合

本案訴訟で債権者が敗訴判決を得た場合や、敗訴に近い和解が成立した場合（法文上は「訴訟の完結後」と呼んでいます）、債権者は裁判所に担保の取消しを申し立てることができます。その際に、裁判所は担保権利者に対して、「保全手続で損害があった場合は、所定の期間（催告書を送達後14日以内）に損害賠償請求訴訟を起こすようにしましょう。14日以内に裁判を起こさなければ、担保提供者に担保を返してしまいますよ」といった内容の催告書を送達します。催告書を受領した担保権利者が、所定の期間内に損害賠償請求権を行使するなどの措置をとらなかった場合には、担保の取消しに同意したものとみなされます。

担保取消しの申立てに必要な書類

まず、前述した①②③に共通する事柄を述べておきます。担保取消の申立ては、担保提供者またはその承継人（相続人など）が、「担保取消申立書」（書式28、253ページ）を提出します。担保取消しは、書面審理で行われます。そこで、以下の添付書類は一括して提出することが要求されています。以下、①②③の順に提出しなければならない添付書類を見ていきましょう。

①　担保の事由が消滅した場合

・本案全部勝訴の判決正本の写しまたは謄本、判決確定書
・勝訴に近い和解または調停の各調書の正本の写し

②　担保権者の同意による場合

・同意書に加えて、担保権利者の印鑑証明書と担保取消決定正本受書と即時抗告権の放棄書も提出する必要があります。
・和解調書や調停調書の中で担保取消しの同意を定めた場合には、それらの調書の正本の写しまたは謄本

③　権利行使の催告による場合

・本案全部または一部敗訴判決正本の写し
・和解または調停の各調書の正本の写しまたは謄本
・本案訴訟を提起しなかった場合には、その旨を記載した上申書（ただし、担保取消しの申立書にその旨の記載があれば提出不要）

担保を取り戻すには

担保取消決定が確定した後、債権者は登記所または支払保証委託契約を結んだ銀行などに対して、以下の書類を提出します。

書式例の供託原因消滅証明申請書（書式29、254ページ）を提出する場合には、別紙として供託書正本の写しと副本を添付します。正本には所定の収入印紙を貼る必要があります。

・供託物払渡請求書（あるいは保証債務消滅届）
・担保取消決定の正本
・確定証明書（または供託原因消滅証明書または支払保証委託契約原因消滅証明書）

担保取戻しの許可を受ける方法―担保の簡易取戻し

たとえば、債権者が保全命令を申し立てたが執行まで至らなかった場合、債務者に損害が生じていないことは明らかです。このように、債務者に何も実害がなく、保全命令の申立てが取り下げられた場合に認められているのが「簡易取戻し」の方法です。担保提供者またはその承継人は、発令裁判所に担保取戻許可申立書（書式30、255ページ）と添付書類を提出して、担保取戻しの許可を得て取り戻すことができます。添付書類については、前述した担保取消しほど多くはありません。たとえば、保全命令発令前に保全命令の申立てを取り下げたような場合だと、「保全命令申立の取下書」だけです。それ以外のケースでも、提出書類は、せいぜい２、３点にとどまります。

書式28　担保取消申立書

担保取消申立書

令和○年○月○日

東京地方裁判所民事第９部　御中

□申立人（この欄には法人の場合は法人名と代表者名を記載する。）
○○　○○　㊞
□申立人代理人　○○　○○　㊞
連絡先（電話番号）　03－○○○○－○○○○

申 立 人　○○　○○
被申立人　○○　○○

東京地方裁判所令和○年（ヨ）・（モ）第　○○○　号
申立事件について、申立人が供託している下記記載１の担保について、下記記載２の事由により、担保取消決定を求める。

記

１　供託日　令和○年○月○日
　　供託法務局　東京法務局
　　供託額面　金○○○万円
　　供託番号　令和○年度金第○○○号

２☑(1)　担保の事由が消滅したこと（民事訴訟法79条１項）
　□(2)　担保権利者の同意を得たこと（民事訴訟法79条２項）
　□(3)　訴訟完結後の権利行使催告（民事訴訟法79条３項）
　　□ア　本案訴訟未提起、保全命令申立の取下げ及び執行解放
　　□イ　本案訴訟提起、保全命令申立の取下げ及び執行解放
　　□ウ

※該当個所は□にレ点を付す。
※当事者の現住所が発令時と異なる場合は、現住所を記載すること。

（注）代理人が申し立てる場合には、民訴法55条１項の委任事項に含まれるので、特別授権は不要です。

書式29　供託原因消滅証明申請書

令和○年（モ）第○○○号

供託原因が消滅したことの証明申請書

申 立 人　○○　○○

被申立人　○○　○○

東京地方裁判所令和○年（ヨ）・（モ）第○○○号
申立事件について、申立人が担保として供託した別紙記載の供託物は、供託原因が消滅したことを証明してください。

令和○年○月○日

□ 申立人（この欄には法人の場合は法人名と代表者名を記載する。）

○○　○○　㊞

□ 申立人代理人　○○　○○　㊞

東京地方裁判所民事第９部 御中

※該当個所は□にレ点を付す。

（注）１ 別紙として、供託書正本の写しを添付します。
２ 第三者供託の場合には、申立人の表示が「債権者甲山太郎の第三者担保提供者甲山次郎」となります。

書式30　担保取戻許可申立書

担保取戻許可申立書

令和○年○月○日

東京地方裁判所民事第９部　御中

申立人代理人弁護士　○○○○㊞

住 所
申立人　○○　○○

住 所
被申立人　○○　○○

御庁令和○年（ヨ）第○○○号不動産仮差押命令申立事件につき、申立人が令和○年○月○日供託書額面金○○○万円を令和○年度金第○○○○号をもって、○○法務局に供託する方法により担保を立てたところ、このたび　　（注１）　　によって債務者に損害が生じないことが明らかであるので、資料を添えて担保取戻許可の申立てをいたします。

（注１）下線部分には取戻事由を具体的に記載します。

【監修者紹介】
松岡　慶子（まつおか　けいこ）
認定司法書士。大阪府出身。神戸大学発達科学部卒業。専攻は臨床心理学。音楽ライターとして産経新聞やミュージック・マガジン、クロスビート、CDジャーナルなどの音楽専門誌等に執筆経験がある。2013年4月司法書士登録。大阪司法書士会会員、簡裁訴訟代理関係業務認定。大阪市内の司法書士法人で、債務整理、訴訟業務、相続業務に従事した後、2016年に「はる司法書士事務所」を開設。日々依頼者の方にとって最も利益となる方法を模索し、問題解決に向けて全力でサポートしている。
監修書に『図解で早わかり　商業登記のしくみ』『図解で早わかり　不動産登記のしくみと手続き』『福祉起業家のためのNPO、一般社団法人、社会福祉法人のしくみと設立登記・運営マニュアル』『入門図解　任意売却と債務整理のしくみと手続き』『最新　不動産業界の法務対策』『最新　金銭貸借・クレジット・ローン・保証の法律とトラブル解決法128』『図解　土地・建物の法律と手続き』『入門図解　内容証明郵便・公正証書・支払督促の手続きと書式サンプル50』『入門図解　相続・遺言・遺産分割の法律と手続き　実践文例82』『財産管理【信託・成年後見・遺言】の法律知識と活用法』（いずれも小社刊）がある。
はる司法書士事務所
大阪府大阪市中央区平野町3-1-7　日宝平野町セントラルビル605号
電話：06-6226-7906
mail harulegal@gmail.com　　http://harusouzoku.com

事業者必携
債権回収の切り札！
改正対応　最新　民事執行の法律と書式

2020年2月28日　第1刷発行

監修者　松岡慶子
発行者　前田俊秀
発行所　株式会社三修社
〒150-0001　東京都渋谷区神宮前2-2-22
TEL　03-3405-4511　FAX　03-3405-4522
振替　00190-9-72758
http://www.sanshusha.co.jp
編集担当　北村英治
印刷所　萩原印刷株式会社
製本所　牧製本印刷株式会社

ISBN978-4-384-04836-0 C2032